はしがき

　ポジティブな心理的エネルギーで，積極的な行動や自律的な目標達成を促すエンジンである心理的資本（Psychological Capital, 略称としてPsyCap）は，人が自分らしくイキイキとライフ＆キャリアを進んでいくためのカギとなるものです。また，会社やその他の組織にとってはメンバーの熱意や活力を高めるための個人の重要な資源ともいえます。

　本書は，心理的資本を正しく理解し，開発する方法を理解し活用することを目指しています。読者ひとりひとりの心理的資本をコントロールできることはもちろん，マネジメントやトレーニング，メンタリングやコーチング，様々な場面で心理的資本を高めようとする人たちに活かしてくれることを目標にしています。

　心理的資本の開発方法を理解し活用しながら，様々な場面で心理的資本開発のガイド役（他者の心理的資本を高めるメンタリングやサポートを行う人）を担えるような知識やスキルを身につけてほしいと願っています。

　本書を通じて，心理的資本の達人である「サイキャップマスター（PsyCap Master）」への入り口に立ち，あなたの周囲の方々に"イキイキ"を伝播し，波及していくことを切に願っています。もちろん，読者であるあなた自身がイキイキ過ごすためのスキルとしても役立ててほしいと考えています。

　本書の中でも言及していますが，あなた自身の心理的資本が身近な人たちに伝わっていくことも明らかになっています。隗より始めよではないですが，会社や職場のイキイキを高めようとするなら，まずはあなた自身のイキイキ，心理的資本を高めることが不可欠なのです。

　サイコロジカル・キャピタル（Psychological Capital）の提唱者であるルーサンス（F.Luthans）教授（アメリカ・ネブラスカ大学）たちは，サイコロジカル・キャピタルを構成する要素の頭文字をとり，心理的資本を「内なるヒーロー（HERO within）」と表現しています。

　私たちはこの言葉を「心理的資本はあなた自身の中に存在するものだ」という意味と「心理的資本はあなた自身で開発するべきものだ」という2つの意味を持つと考えます。ほかの誰でもないあなた自身にこそ，ヒーローになるための心理的資本が存在し，他者には他者のヒーローがいるのです。加えてあなた自身のヒーローを高めるのは，あなた自身なのです。

　本書では，第Ⅰ部で心理的資本という考え方をできるだけ平易に解説しています。平易といっても心理的資本という考え方にはきちんとした心理学や経営学の裏付けがあるので，必要に応じて学術的な解説も行っていきます。

　理論というと難しくとられがちですが，心理学や経営学は実践の学問でもあり，その理解には読者のみなさんの日常的な感覚や経験が役立つことも事実です。理論的な説明を読み，その知識をあなたの経験と比べながら考察してもらうことで，理解は飛躍的に高まると考えています。

　第Ⅱ部では，第Ⅰ部で得た知識をどのように活用することができるのかを事例（ケース）に基づきながら解説していきます。とくにサイキャップマスターとして，他者の心理的資本に介入する事例を取り上げています。そこでは，心理的資本開発の実践にかかわった，ガイド役（心理的資本ガイド）の奮闘ぶりがリアルに描かれています。

　心理的資本の理解とその実践には大きなギャップがあることは確かですが，そのギャップを乗り越え，読者であるあなた自身にもサイキャップマスターとして実践家になってほしいと願っています。一歩先んじてマスターとして活躍する人の経験談はその背中を追う多くの人の良きモデルになるはずです。

　本書の制作にあたり，協力してくださった方々に心から感謝いたします。

　これから始まる本書での解説を通じて，心理的資本についてよりよく理解するとともに，その実践にも努めてほしいと考えています。心理的資本を適切に理解するだけでは，内なるヒーローは高まらないのです。学んだ知識を実践の中で活用してこそ，自身の心理的資本を開発し，イキイキした職場や組織の構築につながっていくと信じています。

　本書を手に取ったこの機会を「楽しむぞ！」という気持ちで活用し，本書を閉じたその瞬間から行動に移してほしいと願っています。本書が心理的資

本開発のきっかけとなることを願わずにはいられません。

　それでは心理的資本の達人，リイキャップマスター·への道のり·への歩みを
ともに進めていきましょう！

　2023年8月

開本浩矢
橋本豊輝

目　次

第 I 部
理論編

第3章　Efficacy（エフィカシー）：「自信と信頼の力」の開発　31

第5章　Optimism（オプティミズム）：「柔軟な楽観力」の開発

100

第6章　Resilience（レジリエンス）：「乗り越える力」の開発

113

VIII

第1章
はじめに：
ポジティブ心理学と心理的資本

 ## VUCAと心理的資本

　現代社会は，VUCAの時代と呼ばれています。VUCAとは，変動性（Volatility），不確実性（Uncertainty），複雑性（Complexity），曖昧性（Ambiguity）の頭文字からきた用語で，予測不能な変化が頻繁に起こる時代を意味しています。

　具体的には，DXやIoTといったキーワードで特徴付けられる産業構造の急激な変化に加え，パンデミックや戦争など，まさしく予測不可能で急激な変化を伴う時代になっています。企業が競争を優位に進める上で，またこの時代を生きるひとりひとりの個人が幸福に暮らすためにも，前向きに思考し行動し続けるための心のエネルギーにいっそうの関心が集まっています。

　こうした心理状態のありようを科学的に計測し，また開発する方法を明らかにしたのが心理的資本（Psychological Capital）という考え方です。心理的資本は「ポジティブな心理的エネルギーで，積極的な行動や自律的な目標達成を促すエンジン」と本書ではとらえています。

　新しい資本主義が声高に提唱される昨今，今まで以上に人的資本経営というキーワードが巷で聞かれることが増えてきました。人を大切にし，人を活かす経営を志す企業が増えることは，何より喜ばしいことです。ウェルビーイング（主観的幸福）を標榜する企業が増え，そうした企業に就職希望者の人気が集まることも，人への注目から生じる現象だといえます。

　ここで重要なことは，人の心に注目するというアプローチです。

　なぜなら，どれだけ素晴らしい人を採用しても，どれだけ素晴らしい教育訓練を受けても，能力を開発し，知識やスキルを活かし，ネットワークを活かして行動を起こすためには前向きな心持ちがなければ"宝の持ち腐れ"になってしまうからです。

　また，どれだけ素晴らしい知識やスキルを持っていたとしても，それらを

活用することで心の満足感や充実感を感じなければウェルビーイングも高まらないのです。したがって，人を大事にし，人を活かしたいと考え，従業員のウェルビーイングを高めたいと望む企業は，従業員ひとりひとりの心のありように配慮する必要があるのです。

　終身雇用またはメンバーシップ雇用の限界に直面する個人にとっては，企業に依存せず，自らキャリアを構築するキャリア自律性が求められています。自分の志や目標を明確にし，自律的に目標達成や課題解決のための道筋を思い描き，自信を持って行動を起こし，困難から立ち直り乗り越え，物事を現実的に柔軟にとらえながら将来への機会を探すことができるとしたら，どうでしょうか。それは自分らしく企業の中でイキイキと振る舞い，時にはリーダーシップを発揮し，キャリアのゴールに向かって我が道を切り拓いていくことに等しいのではないでしょうか。その原動力となるものこそが本書で取り上げる心理的資本なのです。

本書の目指すべきゴール

　本書では心理的資本について知り，その開発方法やスキルを学び，活用できるようになることを目指します。自分自身の心理的資本をマネジメントし開発していくことはもちろんですが，他者の心理的資本を高めるメンタリングやサポートを行う介入（以降，このことを「ガイド」と呼称し，定義します）を行うことを目指します。

　職場のチームマネジメントやメンバー育成の場面，トレーニング，メンタリングやコーチングなどの場面でも活かしていくことを目的とします。

　具体的には，図1－1（心理的資本のガイドの役割）のような活動を行うことをガイドとしてイメージしています。読者であるみなさんひとりひとりがイキイキと働くだけでなく，周りの人のイキイキを刺激し，職場もそして組織全体もイキイキする，そんなイキイキの輪廻が我が国で増え続けることを願い，本書は書かれているのです。

　本書を通してみなさんが「サイキャップマスター（PsyCap Master）」となる，その第1歩になることを願っています。とくに以下のような人たちを

図1－1	心理的資本のガイドの役割

想定して記述しています。

- 職場でマネジメントに従事されている方
- キャリアに関する支援を行っている方
- 人材育成に携わっている方
- コーチやメンターとして活動されている方
- トレーナーとして活動されている方
- 自身のパフォーマンスを高めたいと考えている方

　上記のような読者を想定しているため，本書は基本的に企業や各種団体の職場におけるマネジメントやキャリア支援，教育訓練の場面を想定した表現を用いています。ただし，これは心理的資本が企業や団体の場面でしか活用できないという意味ではありません。心理的資本は「ポジティブな心理的エネルギーで，積極的な行動や自律的な目標達成を促すエンジン」なので，企業や団体の職場に限らず，あらゆる場面で有効です。

　たとえばスポーツ選手のトレーニングや，医療や介護といった現場での健康指導・健康増進支援，学校での教育場面や，受験や資格取得などのあらゆる学習活動のサポート，子育てをはじめとする私生活にいたるまで，多様な

場面で活かすことができます。

　もし，読者の中で企業や団体の職場以外で心理的資本を活用しようとする場合には，本書の表現を頭の中であなた自身の場面に置き換えながら，読み進めていただきたいと思います。

 本書の学問的背景

　ところで，本書の底流には2つの学問的特徴が想定されていることにも触れておきたいと思います。

◯ ポジティビティ・アプローチ

　第1に「ポジティビティ（前向きさ）」という考え方です。ポジティビティを理解するために，まず2000年以降のアメリカ心理学会におけるポジティブ心理学に関する動向をふりかえる必要があります。2000年からさかのぼる100年の心理学の歩みは，基本的に心理的な問題，症状を治療する，改善することにフォーカスを当ててきたといえます。

　問題を改善する，治療するというスタンスは基本的にネガティブな方向にあります。このネガティブなアプローチに批判的な研究がアメリカの心理学者の中で生まれ，大きなうねりとなってきたのです。

　こうした心理学の大きな変化をポジティブ心理学と今では呼んでいます。ポジティブ心理学では，人の持つ，可能性や潜在能力の開発，開花，活性化が探求されるというアプローチをとります。すなわち，人の持つ心の弱さよりも，その強さや可能性に大きな価値を見出すことに特徴があるといえます。

　確かに企業などの従業員の心の問題，とくにストレス，うつ病などの精神疾患の解決は重要な問題です。ストレスやうつ病などによる従業員の精神的な不健康さはひとりひとりのパフォーマンスを低下させ，企業業績にも悪影響を与えることは明らかです。

　一方で，こうした心の症状の改善は，どこまで突き詰めていったとしてもそれは精神的な健全さを取り戻すという状態にしかたどり着けないといえます。マイナスの状態からニュートラル＝ゼロの状態を取り戻すことはできた

としても，プラスの状態に導くことは本質的に考慮されていないのです。

　したがって，本書では，ストレスなどのネガティブな問題も取り上げますが，おおむねモチベーション，リーダーシップ，キャリア発達といった組織にとってポジティブな現象を中心に取り上げています。これらのポジティブな概念は，組織の中で行動するひとりひとりの幸福＝ウェルビーイングを促進するものだと考えられるからです。

　企業経営や組織マネジメントの視点から見ても，ポジティブな概念は積極的な行動や革新的な行動を通じて，高いパフォーマンスにつながると想定されるため，組織の活性化や組織の変革にもプラスに作用することが期待されます。

　ポジティビティとは，人の可能性を信じることでもあります。人の可能性や潜在能力を信じ，それらを伸ばすことが人材開発，キャリア開発の基本的なスタンスだといえますが，このスタンスと合致した人事施策の新しい動きとして，「ノーレイティング」が近年，注目を集めています。ノーレイティングとは2010年前後からアメリカのGE，マイクロソフト，Googleといった大手企業において顕著になった，相対評価に基づく年次業績評価を廃止する動きを指しています。

　とくにジャック・ウェルチによる相対評価を強力に推進していたGEが彼の退任後静かに年次業績評価を取りやめたことはその象徴的な出来事です。鈴木（2017）に詳しいが，こうした動きの背景には，従来の年次業績評価が相対的に評価の低くなる大多数のモチベーションを低下させる一方で，評価者の人的エネルギーを膨大に消費するという現実があります。

　業績評価における相対的な評価は高い評価を得る人とそうでない人を人為的につくり出しますが，その背後には優秀な人は一部であり，大部分は平均以下であるというネガティブな考え方が横たわっているともいえないでしょうか。また，相対的な年次業績評価はチームのコラボレーションやクリエイティビティの発揮と整合しないことも明らかです。

　個人業績の相対評価はチーム内での個々の対立を促進するだろうし，評価の対象とならないアイデアや発想は，年次業績評価では本質的に不可能です。モチベーション，チームのコラボレーション，クリエイティビティの発揮と

いったポジティブな成果を期待しようと考えるのであれば，ノーレイティングは理にかなった人事施策といえます。

　ノーレイティングの例を取り上げてポジティビティのアプローチを説明しましたが，こうした新しい人事施策上の動きだけではなく，改めて思い起こせば，ドラッカーの提唱したMBO（目標管理）の考え方にも元来ポジティビティが含まれています。

　MBOと略されることが多いのですが，ドラッカーはもともとManagement by Objectives and Self Controlと提唱していたことを忘れてはなりません。目標による「管理」という側面ばかりが強調され，自己統制への関心が薄れているといえないでしょうか。

　MBOの考え方を単なる目標設定ととらえてしまっては，人は目標を受動的に受け入れ，その達成をコントロールされる存在となってしまいます。それはストレスの原因となり，ネガティブなアプローチといえます。そうではなく，目標設定に主体的にかかわりつつ，その達成へのプロセス・経路の選択や実行を委任されてこそのMBOなのです。

　本来のMBOの背後にあるのは，人は生まれつき，自律性を保証されれば，たとえ困難な目標であっても主体的かつ積極的に取り組む存在だという人間モデルです。この人間モデルに立てば，自律性が尊重され，挑戦的な目標の達成による有能感が刺激されれば，人はより積極的，挑戦的な振る舞いを見せるというポジティビティが予想されます。

　近年のノーレイティングの動きや古典的ともいえるMBOの本質を考えると，人事管理上のポジティビティに対する関心は，決して新しく珍しいものではないことも明らかです。

　こうしたポジティビティの考え方は，政府や自治体といった公共部門でも注目を集めるようになっています。たとえば，労働経済白書（令和元年版）では，働きがい（より学術的にはワーク・エンゲージメントと呼ぶ）を促進することが従業員の幸福に重要であると指摘されています。

　さらに，働きがいを促進する要因として，個人の持つ心理的資本の強化が重要だと指摘されているのです。

　こうした働きがいや心理的資本への関心の高さは実務や公共部門だけでな

く, 学術の世界でも同様といえます。2000年以前の心理学は, うつ, ストレスといったネガティブな側面をいかに改善するかを研究してきました。

　たとえば, アメリカ心理学会の著名雑誌に掲載された論文の実に95%がネガティブな側面を研究していたのです。こうした傾向に批判が高まるとともに, ポジティブ心理学という新たな研究の動きが出てきたことはすでに述べた通りです。

　人の可能性, 本来性（あるべき姿, キャリア）, 幸福（ウェルビーイング）といったポジティブさをいかに高めるかがポジティブ心理学の焦点になっています。実務上も学術上も心理的資本を含むポジティビティを重視する流れがますます強まっているといえるのです。

◉ エビデンス・アプローチ

　第2の学問的特徴は, エビデンスベース（証拠にもとづく, 根拠がある）という考え方です。近年, とくに医学分野や政策立案の分野ではエビデンスベースの考え方が普及しつつあります。

　前者であれば, たとえば, 新型コロナウイルスに対応したワクチン接種の効果を科学的に検証する際にエビデンスにもとづいた臨床結果が重視されます。もう少し専門的に述べれば, 二重盲検試験による医薬品の有効性を厳密に検証することを意味しています。いわゆるプラセボ効果による健康状態の変化を除外し, 純粋に当該医薬品の効果のみを検出するプロセスで, エビデンスベースの考え方が応用されています。

　後者では, たとえば消費税率の増加がおよぼす消費動向への影響をデータにもとづき検証することで, 将来の税率変化の影響を予測し, 増税という政策の有効性を検証することを意味します。両者は科学的に収集されたデータを統計的に処理し, その効果を客観的に検証しようという姿勢では共通しています。

　本書で取り上げる心理的資本についても, その概念の妥当性や信頼性に関して, 同様にデータに基づく統計的分析をしっかりと行い, 理論的な予測だけでなく, 実証的な結論を得ようとしています。もちろん, 医学で行われているような厳密な意味での対照実験は困難であるが, 可能な限り科学的な手

続きや理論ベースのデータ収集に努めています。

　心理的資本という新しい概念の導出やその活用にあたり，こうしたエビデンスを重視，その効果について科学的に検証しようとする姿勢は重要であり，かつ必須です。この姿勢なくしては，心理的資本は，単なる一時のはやりのバズワード（流行語）にとどまってしまうでしょう。繰り返しますが，本書で解説していく心理的資本という概念は，学術的理論にもとづきながら，様々なデータ分析というエビデンスによって検証を経ているものなのです。

　ここまでの説明で，心理的資本という考え方が，ポジティビティとそこから生まれたポジティブ心理学，そして根拠にもとづいた理論的背景を持つことが分かるかと思います。決して，心の持ちようとか精神論という枠組みではとらえられない，人の成長や挑戦に強く関連付けられるアプローチなのです。

第 I 部

理論編

第2章
心理的資本とは

　経営する上で，必要な資源として，モノ，ヒト，カネ，最近では情報も指摘されることが多くなりました。心理的資本を考える上で，ヒトという資源がこれまでの経営学の歴史の中でどのようにとらえられてきたのか，どのように研究されてきたのかを再確認することは重要です。人的資源研究の歴史を知ることで，なぜ心理的資本が研究されたか背景を理解することに役立つからです。

　企業や組織にとって人を雇う目的というのは，人が成果を生み出す源泉であるからと考えるのが一般的です。こうした考えにもとづき，ヒトは経営資源として重要視されているのです。では，経営資源であるヒトはなぜ業績・パフォーマンスを生み出すことができるのでしょうか。この問いに対して経営学では主に3つのアプローチを使って説明してきました。

人材1.0＝人的資本 (*Human Capital*)

　第1のアプローチは人的資本です。アメリカのノーベル経済学者であるベッカー教授が提唱した人的資本（Human Capital）とは，人は知識やスキル，ノウハウや経験を持っており，それらを活用することで仕事上の成果を生み出せるという考え方です。

　すなわち，ヒトという資源の本質は，個人の持つ知識やスキルなどにあると考えるわけです。したがって，成果を高めようと考えるのであれば，教育や訓練を施すことで，個人の持つ知識やスキルを高めたり，配置転換によって異なる仕事経験を積ませることが有効と考えられます。

　ヒトの本質的な価値を知識やスキルと考える人的資本のアプローチはもっとも初期に提唱されたものなので，本書では

人材1.0＝人的資本

と呼んでいます。

　経営学での経営資源の中で，ヒトだけが教育や訓練で向上させることができる可変的な資源です。その点がモノ，カネなどとは本質的に異なるという点は心理的資本のアプローチにも通じるものがあります。人は必ずしも生まれ持った才能だけで生み出す成果が決まるのではありません。才能あふれる人であっても，その後の教育や経験次第で，想像以上の成果を生み出すことも，期待した成果が出せないこともあるのです。

人材2.0＝社会関係資本（*Social Capital*）

　人的資本に続いて提唱された第2のアプローチが社会関係資本（Social Capital）という考え方です。豊富な知識やスキル，多彩な経験を持つ人も一人だけで生み出せる成果には限界があります。現代社会ではとくにチームや集団で作業を行い，成果を生み出す機会が増えています。また，VUCAの時代であり，想定外の出来事や問題が発生し，これまで考えられなかった独創的なアイデアが求められることも多々あります。

　独りよがりの知識や経験に頼らず，周りの同僚のサポートや知恵をうまく活用することがチーム作業での成果を高めることは容易に理解できます。1人でできることは限られていても，ネットワークを活用しチームで課題を乗り越える経験は，読者のみなさんにもあるはずです。

　こうしたネットワークをアメリカ・スタンフォード大学のグラノベッター教授は社会関係資本と呼んだのです。社会関係資本を豊富に持つ人はそうでない人よりも健康で幸福に暮らしていることが指摘されました。とくに「弱い紐帯（ちゅうたい）の強さ」として，家族や親友，職場の仲間といった社会的に強いつながりを持つ人々よりも，友達の友達やちょっとした知り合いなど社会的なつながりが弱い人々のほうが，自分にとって新しく価値の高い情報をもたらしてくれる可能性が高いと指摘したことで広く知られています。

　その後，社会関係資本が就職や転職活動にプラスの影響をもたらすことも明らかになり，成果を高める要因として理解されるようになりました。人はネットワークで成果を出す，つまりどれだけの人と情報を交換できる関係性

を持っているかが，成果を生み出す重要な要素だという考え方です。

　本書では，こうした考え方を意味する社会関係資本を，

人材2.0＝社会関係資本

と呼んでいます。

人材3.0＝心理的資本（*Psychological Capital*）

　第3のアプローチが本書で解説する心理的資本という考え方です。第1の人的資本，第2の社会関係資本はいずれも人の持つ資源であり，その多さが成果を生み出すと想定しています。心理的資本は何か持っていると考えるのではなく，持っている知識やネットワークをいかに活用するかに焦点を当てる考え方です。

　心理的資本の1つの要素である自己効力感を使って，もう少し具体的に説明します。たとえば，ある人がビジネススクール（経営大学院）を修了することで経営に関する高度な専門知識を身につけ，ビジネススクールの同窓生を通じてベンチャーキャピタルとのネットワークも豊富に持っているとします。

　人材1.0や人材2.0に基づけば，人的資本と社会関係資本を豊富に有するため，高い成果が期待されるはずです。ところが，この人には学生時代の生徒会活動でうまくリーダーシップを発揮できないという経験があり，経営者として企業を率いていくことに自信がないとしたらどうでしょうか。

　優れた人的資本や社会関係資本を持っていたとしてもそれを活用する自信がなければ成果が生まれる可能性はぐっと低下してしまうことは容易に考えられます。マシーンであれば，材料と電力という資源を投入すれば予想通りの生産が可能です。人はマシーンとは違い，こころが態度や行動に大きな影響を与えるのです。

　心理的資本の考え方ではこの例に出てくる自信を自己効力感と呼んでいます。自己効力感については第3章で詳しく解説しますが，○○ができるという感覚を意味しています。いくら豊富な知識やネットワークを持っていたと

図２−１　心理的資本の位置付け

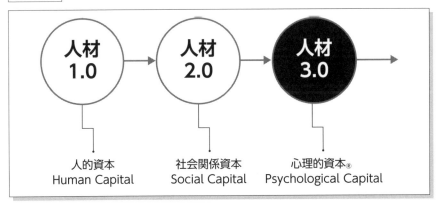

してもそれを活用するためには，こころの前向きなエネルギーが必要なのです。本書では，こうしたポジティブな心理的エネルギーで，積極的な行動や自律的な目標達成を促すエンジンの役割を果たす資本を，

人材3.0＝心理的資本

と呼んでいます。

　知識だけではなく，ネットワークだけでもなく，ものごとをやりとげようとする前向きな心の状態がパフォーマンスに影響するのです。

　以上のように３つのアプローチを順々に整理するとヒトが経営資源として重要であることが改めて理解できるかと思います。図２−１（心理的資本の位置付け）にあるように，経営学研究の歴史的経緯をたどれば，人材1.0からスタートし，人材2.0，人材3.0と進展していることが分かります。

　知識やスキルといった人的資本（何を知っているか）は，時代・環境・目標の変化に応じて，常に身につけていかなければ陳腐化し目減りしていく可能性があります。とくにVUCAの現代ではその可能性はかつてなく高まっています。

　また，社内外のネットワークである社会関係資本（誰を知っているか）も，どのような関係性を築いているか，継続的なかかわりがあるかどうかによっても資本の状態は日常的に変化します。しかも「弱い紐帯の強さ」というよ

図2－2　心理的資本の役割

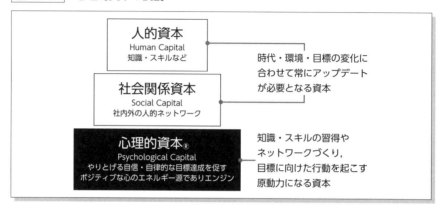

うに，決して関係が強ければ良いというわけでもありません。

　人的資本も社会関係資本も，人がパフォーマンスを発揮するためには重要な資本です。これら人的資本や社会関係資本を開発し，維持し，さらに活用していくために行動を起こす原動力となるエンジン的役割が必要になります。図2－2（心理的資本の役割）に示すように，基盤であり土台となる資本が心理的資本なのです。

　人的資本や社会関係資本の開発・活用のための原動力となる心理的資本ですが，それぞれは相乗効果が期待できるものです。

　その人の持つ知識やスキル，ネットワークはその人自身にとっての大切な資産・資源であり強みになり得るものです。それらを認識し，活かしていくことでも心理的資本を強化し開発することができます。図2－3（心理的資本の相乗効果）に示すように，3つの資本が継続的に開発される好循環を生み出すことができれば，その人の成長やパフォーマンス発揮というより大きな成果につながる可能性があります。それだけではなく，よりイキイキと自律的なキャリアを進むことができることでしょう。

　心理的資本は人的資本や社会関係資本の土台となるだけでなく，人的資本や社会関係資本をどのように活用するかによっても心理的資本はさらに強化されるということを理解してください。

図 2 - 3　心理的資本の相乗効果

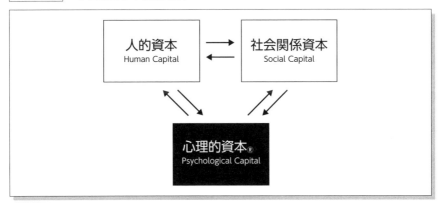

 成果を生み出す心理的資本

　生きがい・やりがい・充実感といったポジティブな態度や成果はどのように決まるのでしょうか。図 2 - 4（ポジティビティを生み出す要因）に示すように，ルーサンスら（2020）の研究に基づけば，第 1 に体力や一部の知性といった遺伝的に決まる資質や性格，成長する過程で過ごしている国の文化や教育の中で学習され獲得されてきたものといったパーソナリティ要因によっておおよそ50%が決定されるといわれます。

　第 2 は制御することができない幸運や災害といった一時的なものも含む環境要因だといわれ，環境要因によって約10%は決定されるといわれます。

　残る40%の部分が心理的資本によって左右されるといわれています。40%という割合を半分以下であると過少に評価することもできますが，半数近くとポジティブにとらえることもできます。いずれにしても，人のポジティブな成果を決める要因のうち，半分近くは心理的資本の影響があるということは重要です。

　心理的資本は開発可能であるとすでに指摘しましたが，すなわち，成果を決める要因の半分近くは開発の余地が残っているのです。遺伝的に決まる部分や環境によって決まる部分をコントロールすることは困難ですが，心理的資本は知識やスキルによって適切に開発することが可能です。

図2-4　ポジティビティを生み出す要因

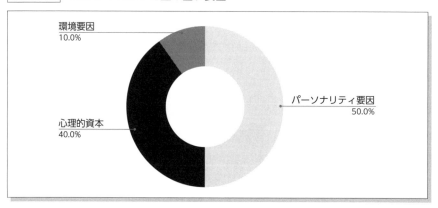

環境要因
10.0%

パーソナリティ要因
50.0%

心理的資本
40.0%

 心理的資本の特徴

　さきほど心理的資本は開発可能だと指摘しましたが，改めて心理的資本の特徴を概観しておきたいと思います。一時的な感情や性格パーソナリティなどと比較することで心理的資本の特徴がより明瞭になります。

　まず，モチベーションや喜怒哀楽といった心理的状態との違いがあります。こうした心理的状態が非常に短い時間軸を持っているのに対して，心理的資本は比較的安定しているといえます。たとえば，怒りという感情は主観的に発生し，長くても翌日には消失していることが一般的ですが，心理的資本は数ヶ月から1年といった幅広い時間軸でとらえることが適切です。

　一方で，プログラミング言語を習得するといった能力はその獲得に数年の時間を要するだけでなく，いったん習得すれば数年から10年単位の長期間維持されますが，心理的資本はそこまでの長期の時間軸でとらえることは適切ではないでしょう。

　つまり，心理的資本は喜怒哀楽やモチベーションといった一時的な状態を示す概念ではなく，かといって能力や性格パーソナリティのように10年単位で持続する概念でもないという点が大きな特徴となっています。「一時的な状態」である喜怒哀楽などの感情やモチベーションといった心理状態よりは安定している一方で，能力や性格のように長期的にしか変化しない特性との

図2-5　心理的資本の特徴

一時的な状態	変えられる状態	変えられる特性	変えることが難しい特性
瞬間的な気分や感情	心理的資本	パーソナリティや能力	遺伝的なもの
モチベーション，喜怒哀楽など	意志力，行動力自信，柔軟な思考回復力・自己認識など	文化・教育により培われた資質や能力いわゆる育ち	持って生まれた資質髪の色，肌の色など
不安定であり持続的な変化と開発がかなり困難	安定しやすく持続的変化と開発の余地があるもの	安定的で成人での変化や開発は困難とされる	変化や開発が極めて困難

変化しやすい　←　安定　→　変化しにくい

(出所)『こころの資本─心理的資本とその展開』37頁の図をもとにBe&Doにて再作成。

中間領域にあるのが心理的資本なのです。

　こうした特徴があるからこそ，個人は心理的資本を開発する意義を見出すことができるし，企業や組織はそのメンバーの心理的資本を開発しようというインセンティブを感じるのです。毎日，毎週移ろいやすい心理的資本であれば開発する意義は見出せず，そこに向かう努力は長く続きはしないでしょう。いったん構築した心理的資本は比較的安定したものだが，変化させることができるとすれば，開発する努力に十分に見合うといえます。

　繰り返しますが，心理的資本は開発することが可能で比較的安定している概念なのです。

 ## 心理的資本と成果の統合フレームワーク

　組織・職場において「従業員のエンゲージメントを高めたい」「離職率を低減したい」「組織や個人のパフォーマンスを良くしたい」といったニーズは常にあります。こうしたニーズに対して，組織文化・風土や戦略，またパーソナリティのような特性によって対応することも可能です。

　組織文化や戦略，パーソナリティといった要因の重要性を否定しませんが，いずれも個人が短期的に変化させられる変数ではないことも明らかです。本

　書では，こうした変えにくい変数ではなく，心理的資本を高めることで，エンゲージメント向上や離職率低下といった組織のニーズに対応しようと考えています。もちろん，仕事の満足感やキャリアにおける幸福感，組織へのコミットメントなども心理的資本によって向上させられると考えています。

　開発ができる上に比較的安定している個人の心理的資本に着目し，個人の態度・意思・行動のポジティブな変化を促すことで結果につなげていく。これは個人そして組織の成果につなげていく重要な方法の一つです。こうした心理的資本と成果との関連を統合してとらえるフレームワークについて見ていきましょう。

　図2－6（心理的資本と成果の統合フレームワーク）を見てください。さきほど心理的資本が成果に影響を与える重要な変数であることは指摘しました。このフレームワークに従えば，心理的資本はひとりひとりの態度，意思，行動などを通じて，最終的な成果に影響を及ぼしていることが分かります。心理的資本によって，前向きな意欲，チャレンジしようとする意欲が生まれたり，挑戦的な行動が刺激されたりといったメカニズムが作用することで，成果が生まれるのです。これが第1のメカニズムといえます。

　もう1つのメカニズムがひとりひとりの成果がフィードバック情報となり，心理的資本をさらに高めることです。図2－6で「組織の成果・個人の成果」から「個人の心理的資本」へ上向きの矢印が示されていますが，これが第2のメカニズムであるフィードバック機能です。

　心理的資本が成果を促進するというフォワード・ループ（順連関）と成果が心理的資本を高めるというバックワード・ループ（逆連関）の二重のループが心理的資本と成果の統合フレームワークのもっとも重要なポイントといえます。二重のループがうまく作用することで，心理的資本と成果のサイクルが循環し，個人内だけでなく，集団，そして組織での好循環が生み出されるのです。

図2-6　心理的資本と成果の統合フレームワーク

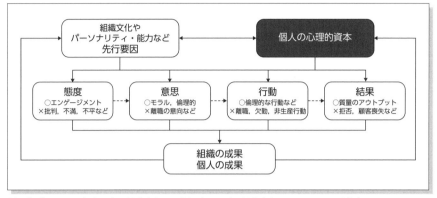

（出所）『こころの資本―心理的資本とその展開』277頁の図をもとにBe&Doにて再作成。

心理的資本の伝染

　心理的資本が働きがい・やりがい・充実感といった前向きな感情や態度を生み出し，個人や組織のパフォーマンスにも影響することは心理的資本の統合フレームワークで説明しました。ポジティビティが高い状態＝心理的資本が高い状態の個人が集まる組織は生産性や創造性が高くなり，業績が向上します。

　一方で，ネガティビティの状態＝心理的資本が低い状態は，物事の悪いほうばかりに注目してしまい消極的で後ろ向きな感情・態度を生み出したり，離職意思や低いパフォーマンスといったネガティブな成果につながります。

　さらに，こうしたポジティビティ・ネガティビティは組織内における様々なコミュニケーションを通じて伝播し，相互に影響し合うことも知られています。

　とくに上司と部下の間の関係（リーダーとメンバーとの関係：リーダー・メンバー・エクスチェンジ：LMXとも呼ばれます）ではこうした伝染効果がより強く出る傾向が見られます。上司と部下は職場におけるもっとも身近な対人関係であり，両者のコミュニケーションが活発であることがその理由だと考えられています。

　上司または組織のリーダーの心理的資本の状態が良ければ，部下やメンバーのそれも良く，逆に上司らのそれが悪ければ，部下らのそれも低調になるのです。たとえばリーダーが以下のような状態であることをイメージしてください。

　一方のリーダーは，志も行動力もある，自信がある，自身やチームの強みを認識している，挑戦をいとわず，失敗を糧にできる，周囲に感謝を忘れず，将来を見据えている。他方のリーダーは，志はなく道筋を示すことができない，行動力がない，自信がない，失敗から立ち直ることが難しい，挑戦できない，過去の失敗をひきずり，現状の悪い点の指摘ばかりする。

　極端な例ですが，どちらが部下やメンバーに好影響を与え，チームのパフォーマンスを促進すると予想しますか。明らかに前者のリーダーのポジティビティの高さはメンバーのそれに好影響を与えることでしょう。

　厄介なことに，上司らの心理的資本の低さ＝ネガティビティはより強く部下たちの心理的資本を毀損する可能性が高いことも明らかになっています。イキイキとした上司よりも，イキイキしていない上司のマイナスの影響こそ，注意すべきといえます。

| 図2－7 | 心理的資本のポジティビティ・ネガティビティの伝播 |

心理的資本の４つのコア要素

　心理的資本は４つの中核的な要素から構成されています（図２－８　心理的資本の４つの要素）。これらの心理的資本を構成する要素の頭文字をとり「HERO」と呼ばれています。ぜひみなさんも４つのコア要素を記憶するために，HEROという用語を覚えておいてください。

　HEROという用語はもともと心理的資本を提唱したルーサンス教授らが「HERO within（内なるヒーロー）」と定義をして呼び始めたことに由来しています。withinという言葉には心理的資本はひとりひとりに内在している意味が込められていると考えますが，同時にひとりひとりが自ら開発することができることも含まれていると考えられます。

　以下では，図２－９（心理的資本の構成要素の定義）を参照しながら，４つの中核的な要素を簡単に説明していきましょう。

　図２－８　心理的資本の４つの要素

図2-9	心理的資本の構成要素の定義

Inside

Hope	明確な志と，そこに向かい行動する力がある
Efficacy	自分ならできるという自信がある
Resilience	自分の強みとなる資産を認識し，リスクを機会ととらえ，乗り越え成長する力がある
Optimism	過去の経験を寛大にとらえ糧にでき，現状に感謝することができ，将来に目を向けられる

◯ Hope（ホープ）：意志と経路の力

　ホープという英語は一般的に日本語では希望や望みといった意味で理解されます。ところが，心理的資本の要素であるホープはこうした将来に良いことを期待するといったやや受け身な意味ではなく，目標達成を実現させようとする意志力と，目標達成や問題解決のための道筋を思い描き行動することができる力を意味する概念です。

　ホープにはゴールや目標に対する熱い思いやこだわりの部分とゴールへ向かうルートを複数思い描き，たとえ1つのルートが走行不能になったとしても即座に別のルートからゴールへ向かうという部分の2つの意味合いがあります。この意志力と経路探索力という2つの特徴を理解することが重要です。

◯ Efficacy（エフィカシー）：自信と信頼の力

　アメリカ・スタンフォード大学のバンデューラ教授が提唱したこの概念は，日本語では自己効力感，有能感，または自信といった言葉で語られます。人が新たな行動をとろうとする際に，その行動ができそうだという主観的な見込みを意味している用語です。

　もともと蛇の苦手な患者にいかにして蛇への恐怖心を克服してもらうかという実験治療の過程で注目されたといわれます。

　苦手なものに触るためには，触るという行為ができそうだという自信がな

ければなりません。この行為への自信こそが，人を様々な場面での挑戦へと駆り立てるエンジンとなるのです。自分にもできそうだという行動を起こすきっかけになる自信であり，自分自身の可能性をポジティブにとらえ，自らの可能性を信頼する力ともいえます。

　あるいは，課題に対して前向きに挑戦しようという意欲につながる重要な力ともいえます。ただし，周囲との信頼関係も重要で，独りよがりの自信はかえってチームのパフォーマンスに悪影響を及ぼすこともあります。

◯ Resilience（レジリエンス）：乗り越える力

　レジリエンスについては昨今耳にする機会が増えたように思います。その１つのきっかけが2011年の東日本大震災など自然災害から力強く復興を遂げた人たちの存在です。

　もともとレジリエンスは物理の用語でしたが，その後，教育や臨床心理の分野で活発に議論され，心理的なレジリエンスとして一般的になってきた経緯を辿っています。その焦点は障害や失敗などのネガティブな出来事によって打ちのめされた個人が立ち直るという側面をとらえていて，まさに自然災害から復興する人たちの持つ，心理的強さを表しているといえます。

　一方でレジリエンスは立ち直るという原状への復帰を超えて，さらなる成長をイメージした概念でもあります。たとえトラウマになるような深刻な経験をしても，レジリエンスの高い人は立ち直るだけでなく，さらなる成長を遂げて復活するとされます。

　また，レジリエンスはネガティブな出来事だけでなく，ポジティブな出来事によるストレスにも適用可能な概念です。たとえば，思いがけない昇進や抜擢で，その重圧に押しつぶされそうに感じる人を考えてみましょう。重圧から立ち直り，見事に重責を果たすまでに成長する過程でレジリエンスが作用します。

　さらに，レジリエンスは「折れない心」といった用語で説明されることもありますが，レジリエンスは，たとえ折れてしまっても，それを糧に成長を遂げる人をイメージしています。困難や障害に直面し，失敗や挫折による落ち込みを経験しても立ち直り，それまで以上に成長し，乗り越える力がレジ

リエンスなのです。

◎ Optimism（オプティミズム）：柔軟な楽観力

　Optimismという用語は、「楽観主義」や「楽観的」といった日本語が当てられることが多く、パーソナリティの一種として理解されがちです。ところが心理的資本のオプティミズムは、好ましい出来事は内的・普遍的・広汎的な原因ゆえだと解釈し、ネガティブな出来事については、外的・一時的・状況特有の要因のせいだと解釈する説明スタイルを意味します。

　もう少しわかりやすく説明すれば、うまくいった場合には積極的に自分の努力のたまものだと解釈し、逆に失敗した時には環境や周りのせいだと解釈するという、一見すると自己中心的だと思えるような状況理解を意味しています。

　自己中心的な状況理解ととらえれば、ネガティブに聞こえますが、たとえば、戦争などによって基本的安全やインフラが未整備な、非常に過酷なビジネス環境では、こうした根拠がなくとも楽観性を持つことが、企業家のエンジンとしては有益ではないでしょうか。

　なぜなら、ネガティブな出来事を環境のせいにすること（外的帰属）で、将来へのポジティブな展望が開けるからです。正確な予想に基づく悲観主義より、過剰なオプティミズムが新たな挑戦やチャンスの活用、危機への対処を動機付けることは、深刻な環境であれば十分にあり得るプロセスなのです。

　つまり、過去に対しては寛大な心を持つことで、現在の状況の肯定的な側面に焦点を当て、そして未来に対して柔軟かつ肯定的にとらえる力がオプティミズムといえます。

　以上の4つのコア要素はそれぞれ完全に独立しているわけではありません。相互作用により強く結びつき関連性があります。たとえば、何らかのタスクの成功により自信（エフィカシー）が高まったとします。高まったエフィカシーはホープの意志力を強めたり、レジリエンスを高めるスキルや能力の形成を促すことが予想されます。

　オプティミズムに基づく適度な楽観性が、ホープの目標への意志力を刺激

し，ゴールへの道筋をより広く探索させることもあるでしょう。図2-8で示すように，4つのコア要素は，それぞれ影響し合っているものだと理解することが重要です。

 ## 心理的資本の測定

　心理的資本の4つの要素について説明してきましたが，ここでは心理的資本のレベルをどのように測定すべきかについて解説します。心理的資本が4つの要素で構成されることから，心理的資本のレベルはそれぞれの要素のレベルによって決まります。つまり，心理的資本が高いか低いかは，構成要素であるHERO（Hope, Efficacy, Resilience, Optimism）のそれぞれの状態を測定することで明らかにできるのです。

　たとえば，Psychological Capitalの提唱者であるルーサンス教授は4つの要素をそれぞれ6問ずつ，合計24問の平易な質問文に回答することで測定する方法を示しています。この24問の質問項目群をPCQ24と呼び，アメリカを中心に海外の心理的資本研究では広く使われています。

　我が国においてもPCQ24を日本語に翻訳した研究もいくつか見られますが，必ずしも我が国の職場や企業という環境にうまく適合した表現となっていないことが惜しまれます。

　そこで私たちは，前述した心理的資本の定義や4つの要素の内容を踏まえたオリジナルな質問を作成して利用しています。オリジナルな質問は，回答者の置かれた環境や質問文の趣旨を適切に踏まえ，心理的資本の4要素を的確に把握するには利便性が高い方法です。

　一方で，これまで海外で行われてきた心理的資本に関する研究蓄積と直接比較することができないという難点を抱えています。したがって，私たちは，できるだけ海外での研究蓄積で使用されてきた質問項目にも配慮しながら，独自の質問項目を作成しているのです。

　また，複数の質問項目を用いて心理的資本を測定するのではなく，インタビューや対話を通じて心理的資本を測定することも可能です。時間をしっかりとかけて，リラックスした雰囲気の中で対話を行うことで，相手の心理的

資本のレベルを認識することは可能ですが，本人の自己開示を広く要求するため，容易ではありません。

　対話を通じて心理的資本を測定しようとするなら，明確な志が存在しているか，達成するための経路をいくつも思い描けているかどうか，自己への自信と信頼はいかほどあるか，自身の強みや資産を認識できているかどうか，リスクをどうとらえているか，過去の失敗や現状をどのようにとらえているか，といった観点から相手の認識を丁寧にくみ取ることが求められます。

　心理的資本のガイドとして一定の経験を蓄積する中で，対話を通じた心理的資本の測定が可能になると考えられますが，短時間で相対的に多人数の心理的資本や職場やチームの心理的資本を測定するためには，質問項目を使った方法がすぐれているといえるでしょう。

心理的資本と人間観

　心理的資本が高い人は，とても強い人であると思われがちですが，生まれ持った才能として4つの要素を兼ね備えた文字通りの「スーパーHERO」は存在しません。様々な経験を経る中で心理的資本が高まり，職場のHEROへと成長していくと考えられます。その過程では，決して成功ばかりではなく，失敗や落ち込みといったネガティブな経験をすることもあります。

　ネガティブを否定せず，認め受け入れることがオプティミズムの発揮にはとくに大切です。人の感情を6種類に大別すると「喜び・驚き・恐れ・悲しみ・怒り・嫌悪」となり，中立の「驚き」を除けば，ポジティブな感情は「喜び」のみで，残りはネガティブな感情です。厳しい生存競争を生き抜くために，人は本能的にネガティブな視点や感情が優位になりやすいとされます。

　心理的資本では，人は本来ネガティブに流れやすいという人間観をとりません。そこでは，人は元来「弱い存在」という前提条件に立ちながらも，他者のサポートや自身の内省を通じて，前向きに進んでいくポジティブな人間観（図2−10　心理的資本の人間観）を有しているのです。

　その成長過程こそが心理的資本の本質であり，その成長を傍らでしっかり

図 2 －10　心理的資本の人間観

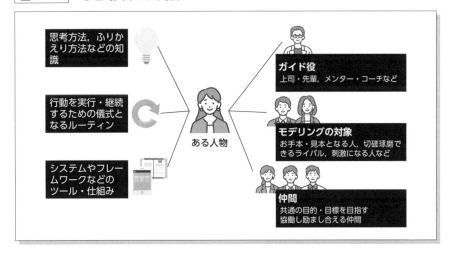

とサポートするのが心理的資本のガイドなのです。

　1 人きりで心理的資本を高め，自分らしさや潜在能力を発揮することは困難です。第三者としてのガイドや協働し励まし合える仲間や同僚の存在，お手本・見本となるような存在，切磋琢磨できる存在も必要不可欠です。周りの助けを心理学では「ソーシャル・サポート」と呼んでいますが，ソーシャル・サポートが心理的資本の開発には欠かせないのです。

　加えて「思考方法」「ふりかえりの方法」を知識として持つことや，行動が途切れてしまっても目指す道筋に戻るためのルーティン（儀式）を持つこと，システムやフレームワークなどのツール・仕組みを用いるのも助けになります。こうした手法やスキルは，人は生まれながらに強くはないが，前向きに成長できる存在だと考える人間観を前提とすると，心理的資本を維持・向上するために重要な手段と理解できます。

 ## 心理的資本とよく似た用語との違い

　さてここまでの説明で心理的資本がどのような概念なのか，どのような背景を持ち，どのようなアプローチをとっているかについておおよそのイメー

ジが持てたかと思います。一方で心理的資本と似たような概念や考え方が世にはたくさんあるため，その違いについて整理しておきます。

◯ モチベーションとの違い

　モチベーションを定義するならば「意欲」や「やる気」のことであり，何らかの行動を起こすきっかけとなるため，「動機付け」とも呼ばれます。モチベーションも心理的資本もどちらも前向きなエネルギーであるという点では共通しています。

　しかし，意欲ややる気という言葉からも容易に想像できますが，モチベーションは感情や生理的状態に影響を受けやすいものです。たとえば，「モチベーションが上がらない」という表現で用いられる場合，怒りや悲しみといった一時的な感情によって，特定の行動に対する意欲が低下している状況を意味しています。発熱や倦怠感といった肉体的な不調を抱えていると，そうでない場合に比べると意欲ややる気は低くなるのは自然なことです。

　このようにモチベーションは本来，不安定なものであり，意識的に開発することは困難である一方で，心理的資本はモチベーションほどには不安定ではなく，意識的な開発が可能な力といえます。たとえるならば，瞬発的なエネルギーが必要な短距離走にはモチベーション，長距離を走り続けるためのエネルギーとしては心理的資本と解釈することができるでしょう。

◯ エンゲージメントとの違い

　昨今，企業経営の実践の中で「ワーク・エンゲージメント」という用語が頻繁に使われるようになりました。ワーク・エンゲージメントとは，職務に対する熱意・没頭・活力によって特徴付けられるポジティブな心理的状態のことを指します。

　ストレスマネジメントの文脈でネガティブな状態を意味するバーンアウトという考え方の対極に位置するものとして，ワーク・エンゲージメントは理解されています。バーンアウトという極度の心的な疲労，燃え尽きた状態とは正反対の状態がワーク・エンゲージメントなのです。

　心理的資本もワーク・エンゲージメントもいずれもポジティブな心理的状

態である点は似かよっていますが，心理的資本がポジティブに行動をするためのエンジンの役割を果たし，ひとりひとりのポテンシャルを引き出す働きをする考え方である一方，ワーク・エンゲージメントはポジティブな行動やポテンシャルの発揮によって表出した心の状態だと解釈できます。

　心理的資本によってワーク・エンゲージメントが高まるという因果の関係にあると理解することもできるでしょう。ワーク・エンゲージメントを高めるために，個人の心理的資本の開発が重要となります。

◎ 心理的安全性との違い

　アメリカ・ハーバード大学のエドモンドソン教授が提唱した「心理的安全性」という考え方が注目されています。その意味するところは「チーム内で対人関係のリスクをとって意見したり振る舞ったりしたとしても共通の目標や想いがあるから安心できる」という認識です。

　心理的安全性の高い状態では，ひとりひとりのメンバーはその能力をいかんなく発揮できるとされています。組織の中の個人が自分自身の価値観に基づき，その能力や知識を十二分に発揮し，活躍する上でこうした状態を構築することは重要なことです。

　心理的資本がエンジンの役割を果たすとすれば，心理的安全性はそのエンジンのリミッターとしてブレーキやアクセルの役割を果たすととらえると分かりやすいのではないでしょうか。

　たとえば，成功体験に基づく強い自信を持った人であっても，同僚や上司からの信頼がないため安心して発言したり，行動したりできないとすれば，活躍は期待できないのです。エンジンが良くても，心理的安全性の低さという強力なブレーキがあるからです。

　個人がその人らしくパフォーマンスを発揮するためのエンジンとなる心理的資本が十分に発揮されるためには，心理的安全性が高いというアクセルの存在は欠かせません。

　一方で，心理的安全性を生み出す組織風土や職場の雰囲気をつくり出すためには，ひとりひとりが自律し，お互いの違いや長所を尊重できる状態，すなわち心理的資本が高い状態が必要になります。心理的資本と心理的安全性

は相互に強く関連しているといえます。パフォーマンス発揮を促すためには両方が良好な状態であることを目指すことが重要です。

◎ EQ（心の知能指数）との違い

　EQ（またはEI：Emotional Intelligence Quotient）は「感情をうまく管理し，利用する能力」とされており，学習により開発することができる感情の制御能力を意味します。EQが高いと自身の感情や，周囲の感情を客観的に認識し，柔軟に対応できるためコミュニケーションを効果的に行うことができ，人との関係性づくりやチームのマネジメントに役立つとされます。

　対人関係を円滑に進めるためには，EQの高さが重要となりますし，人材2.0の社会関係資本を構築するためにもEQは有効に作用することが予想されます。心理的資本は必ずしも対人関係や感情のみに焦点を当てた考え方ではないため，EQとは直接に関係を持つわけではないといえます。

　しかし，心理的資本のうち，他者の感情を適切に把握し，自身の感情を自己統制できる能力は，過去の失敗に対する寛容さや現在への感謝にもとづく楽観的な認知を促すことが予想されます。感情の起伏が激しく，感情に振り回される人であれば，楽観的な解釈から将来への探索行動をとることは困難でしょう。

　また，感情をうまくコントロールすることは，たとえ失敗や挫折に直面してもそこから立ち直ることを助ける力となると考えられます。すなわち，レジリエンスの構築にはEQはポジティブに作用するといえます。

　一部の研究者によれば，EQは新たな心理的資本の要素ではないかという主張もあります。今後の研究の進展に注目しなければなりませんが，現時点では心理的資本とEQは別々の概念であると本書では考えています。

第3章
Efficacy（エフィカシー）：
「自信と信頼の力」の開発

心理的資本におけるエフィカシーとは，自分ならできるという「自信」であり，自分に対する「信頼」ととらえます。アメリカ・スタンフォード大学のバンデューラ教授が提唱したこの概念は日本語では自己効力感，有能感，または自信といった言葉で言及されています。

人が何らかの行動をとろうとする際に，その行動ができそうだ，やれそうだという主観的な見込み・予想を意味しています。心理学では，もともと苦手な対象に対する恐怖心を克服してもらうという治療の過程で注目されたとされます。苦手なものに触るためには，触るという行為に対するできそうだという自信がなければならないというわけです。この行為への自信こそが，人の様々な場面での挑戦へと駆り立てるエンジンとなります。

 ## エフィカシーの高い人

エフィカシーの高い人は自己への信頼と自信があるため，新しいことや難しいことへの挑戦を前向きに受け入れ，その経験を糧にすることができます。新しいことや難しいことへの挑戦の結果として成功することもあれば，失敗することもありますが，そこから何らかの教訓を得ることにも積極的です。

エフィカシーの高い人は第三者に指示されることよりも，自ら難しいタスクや高い目標を選択する傾向があります。タスクや目標を自ら選択することや難易度の高いゴールを設定することは，内発的モチベーション（タスクや行動そのものから生まれるモチベーション）を高めることが知られています。つまり，モチベーションを自ら制御し高めることができるのです。

困難なタスクや高い目標達成のために，内発的モチベーションに刺激された積極的な行動を起こすだけでなく，目標達成への努力を惜しまないことも共通しています。たとえ，目標達成の過程で障害や困難に遭遇したとしてもへこたれず，辛抱強く努力を継続していきます。

図3－1　エフィカシーの高い人の特徴

これらのエフィカシーの高い人の特徴（**図3－1**　エフィカシーの高い人の特徴）をふりかえると，エフィカシーが心理的資本の4つのコア要素の中でも，きわめて重要な要素であることがうかがえます。心理的資本の研究では，4つの要素の優劣はとくに論じられていませんが，私たちの研究やこれまでの実証研究を見渡すと，エフィカシーの影響力の高さを確認できるのです。

エフィカシー開発のポイント

ではその重要なエフィカシーを開発していくために，どのようなことを意識すると良いのでしょうか。本書ではエフィカシーの開発を進めるにあたっての前提条件を以下のようにとらえています。これらの5つのポイントをしっかり踏まえた上で，エフィカシーの開発にあたってほしいと考えています。

① エフィカシーは，ドメイン（特定の分野・領域）に固有のものである
② エフィカシーは，実践と習熟に由来するものである
③ エフィカシーは，常に改善の余地があるものである
④ エフィカシーは，他者の影響をうけるものである

⑤　エフィカシーは，後天的なものである

　第1のポイントは，エフィカシーとは特定の分野に固有のものだという点です。エフィカシー研究のハシリは蛇恐怖症の克服でしたが，蛇恐怖症の克服ができたとしても他の対象に対する恐怖はなかなか克服できないということです。特定の行動に対する自信がそのままあらゆる分野の自信へとつながるという単純な世界ではないことに留意してほしいと考えています。

　第2のポイントは，エフィカシーとは実践や経験にもとづくという点です。ある行動ができそうだという自信を得るもっとも強力な手法は達成体験であることを後ほど詳しく説明しますが，エフィカシーを生み出すためには一定の実践や経験が必要なのです。

　第3のポイントは，エフィカシーとは一度開発すれば，一生維持できるというほど安定していないということです。安定しないことは低下するというネガティブな意味だけではなく，磨けばさらに伸ばせるというポジティブな意味を持ちます。継続して開発することで，エフィカシーは領域を横断し，さらに強力になることを心にとめておいてください。

　第4のポイントは，エフィカシーとは伝染するということです。心理的資本全体も周囲に伝染することはすでに説明しましたが，エフィカシーもそうした伝染性を持っています。身近な人のエフィカシーが自分自身へ影響することも，自己のエフィカシーが周りの人に影響することもあります。

　あなたがエフィカシーを高めることは，あなた自身の自信だけでなく，身近な他者の自信を誘発し，チーム全体のエフィカシーの開発につながる可能性があるのです。

　第5のポイントは第3のポイントと似ていますが，ここで強調したいのはエフィカシーの高さが遺伝的に決まるような才能ではないということです。もちろん生まれ持っての自信を強く持つ人もいるでしょうが，本書では生まれ持っているエフィカシーのレベルからいかに積み上げることができるかに焦点を当てています。磨けば光る玉のように，遺伝的に決まるエフィカシーのレベルをいかに高めることができるかを考えていきます。

　これら5つのポイントを念頭に，具体的な開発方法を見ていきましょう。

エフィカシーの開発方法

　エフィカシーを開発する方法は**図3－2**（エフィカシーの開発方法）に示すように大まかに4種類あります。これらの4つの手法について以下では順に解説していきましょう。

| 図3－2 | エフィカシーの開発方法 |

◯ 達成体験（試行錯誤）

　第1の手法が達成体験です。試行錯誤やトライ・アンド・エラーという表現もされますが，成功も失敗も含め，経験値を積むという手法です。サントリーでは創業の志に「やってみなはれの精神」とありますが，これも達成体験を促す言葉として理解することもできます。

　試行錯誤という言葉からも予想できるように，具体的に何らかの行動を始めてみる，やってみることで実践を経験し，成功すればそのまま自信が生まれる，エフィカシーが高まるというプロセスが期待されます。

　必ずしも成功するとは限らないので，うまくいかなかった時のふりかえりが重要となります。ただ失敗した，反省したというネガティブなふりかえりではその後の達成経験につながらないことは明らかです。実践の場数による習熟を目指すことが重要であり，習熟につながる，すなわち次の機会の成功の可能性が高まるような内省やふりかえりが必要です。

◎ 代理体験（モデリング）

第2の手法が代理体験，またはモデリングと呼ばれるものです。人類をはじめ，霊長類の一部などで活用される手法といわれています。具体的には，他者が達成している様子を観察することで，自分でもできそうだという感覚が生まれる＝エフィカシーが高まることを意味しています。

第三者の経験や行動から学ぶという手法は，社会的学習とも呼ばれ，人の成長には欠かせないものといえます。人が達成経験からしか学習できないとすれば，世の中の進歩，学問の発展は大幅に緩慢になるでしょう。人は他者の経験から学ぶことができるという稀有な存在ともいえます。こうした人の優れた特質にかかわる手法が代理体験なのです。

代理体験の対象としては，自分自身と似たような境遇にある他者の存在がもっとも有効です。あの人にできるなら自分にもできるという感覚を得ることで自信が生まれるので，「あの人」が自分自身と似ていることがポイントです。たとえば，同期入社のライバル従業員であれば代理体験のモデルとして適切な存在といえるでしょう。逆に，将来企業を背負っていくような幹部従業員を新入社員がモデルとして選択することは，代理体験による自信の向上にはあまり効果がないと予想されます。

同僚と比較する，競うということは過度になればデメリットが大きくなりますが，適切なレベルであれば代理体験を通じた自信を高め，成長につながるというメリットも大きいといえます。

◎ 社会的説得（言語的説得）

第3の手法が社会的説得と呼ばれるものです。言語的説得とも呼ばれることからも分かるように，「あなたならできる」「あなたはよくやっている」というようなポジティブなフィードバックを与えることで，エフィカシーを高めるというものです。

留意したいことは，誰がフィードバックを行うか，フィードバックの源泉によってその効果が変わってくるという点です。たとえば，見ず知らずの人から「あなたはよくやっている」といわれるのと，直属の上司から同様に言われるのでは，エフィカシーが高まる効果は大きく異なります。自分のこと

をよく知っている人や自分が尊敬する人からポジティブなフィードバックを
得ることがエフィカシーを効率的に高めることにつながるのです。

　また，フィードバックの内容にも注意が必要です。「よくやっている」と
いった雑ぱくなメッセージより，「これまでの営業手法の問題点を顧客視点
で改善できている」のように具体的なポジティブメッセージのほうが効果が
高いといえます。具体的かつ受け手が注力したポイントを的確に指摘するこ
とが社会的説得を効果的に作用させるのです。

　以上のように社会的説得は単にほめればよいといったシンプルな手法では
なく，受け手にとって納得感のある，「腹落ちする」メッセージを発するこ
とが求められます。観察や面談をとおして，受け手の行動に関する十分な情
報を得ることも重要といえます。

◎ **情動的喚起**

　第4の手法が情動的喚起と呼ばれるものです。用語として難解ですが，意
味するところはうまくリラックスできている状態，または適度な緊張感によ
りドキドキ・わくわくしている状態のことだとされます。

　プロ野球のアメリカ・メジャーリーグで活躍したイチロー選手は打席に入
る前に独特のポーズをとっていましたが，これは一定の動作（これを儀式と
呼ぶこともあります）をすることでリラックスし，エフィカシーを高めてい
たと理解できます。好きな音楽を聴きながら心を落ち着かせることや元気の
出るような音楽を聴いて挑戦意欲を高めるといった経験はみなさんにもある
と思います。これらはすべて生理的情緒的高揚を通してエフィカシーを刺激
する手法と解釈することができます。

　以上のような4つの手法によって，エフィカシーは高めることができます。
中でも直接的な達成体験がもっとも強力にエフィカシーを高めることがこれ
までの研究から明らかになっています。

　ただし，もっとも強力な達成体験がいつも利用できるわけではありません
し，達成できずに失敗することで想定した効果が出ないこともあるでしょう。
そこで，残りの3つの手法をうまく組み合わせてエフィカシーを高めること

が重要です。とくにガイドとして，相手のエフィカシーの向上を促す場面では，達成体験を除く手法の有用性が高いといえます。

 ## エフィカシーを向上させる組織マネジメント

　組織マネジメントの視点から，エフィカシーを高める4つの手法を考えてみましょう。あらためて，図3-2を見てみましょう。図3-2では，右側にエフィカシーを高める組織マネジメントのあり方を記載，左側にエフィカシーを阻害する組織マネジメントのあり方を記載しています。

　たとえば，成功体験を積めるような目標を提示し，メンバーの達成体験をサポートするような上司の行動は，組織マネジメントの観点からエフィカシーを刺激するものといえます。逆に厳格な目標を指示するだけで，目標までのプロセスには無頓着な上司の行動は，組織マネジメントの観点からエフィカシーを阻害するものといえます。

　エフィカシーを刺激するかどうかに関して，上司の行動だけでなく，組織マネジメント全体のチェックをすることは有益です。エフィカシーの構築はメンバーひとりひとりが自律的に行う側面も確かにありますが，周囲の上司，同僚，職場の雰囲気といった環境の役割も相当に高いことが明らかです。

　エフィカシーを継続的に向上できる環境かどうか（つまり先行要因）をマネジメントの観点から確認し，その課題を指摘し，改善策を提案・実行することもガイド役としての大切な役割ともいえます。

 ## エフィカシーのドメイン特異性と行動変容

　さきほど，エフィカシーの開発ポイントの中で，エフィカシーがドメイン（特定の分野・領域）に固有のものであると指摘しました。図3-3（エフィカシーのドメイン特異性）に示すように，ある分野・領域（仮にドメインA）で多くの実績を積んできた人は，その分野・領域において確固たる自信があるものです。しかしながら，まったく異なる未経験のドメイン（仮にドメインB）に挑戦する場合には，ドメインAに対する自信は必ずしもドメ

| 図3－3 | エフィカシーのドメイン特異性 |

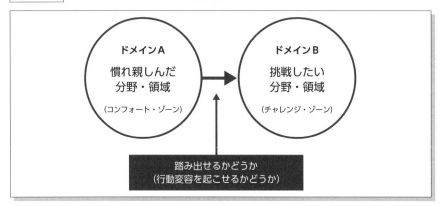

インBに対する自信には引き継がれないことが知られています。これをエフィカシーのドメイン特異性と呼ぶことができます。

　ただし，両ドメイン間に，何らかの共通点や類似点を見出すことができれば，一方のエフィカシーを他方に活かすことが可能になります。たとえば，サッカーが得意なXさんが新たにバスケットボールに挑戦する場合を考えてみましょう。いずれも一定のコートの中で敵味方に分かれてボールをゴールに入れるというスポーツという共通点があります。Xさんのサッカーに対する自信は比較的スムースに，バスケットボールに対する自信に引き継がれそうです。野球に挑戦する場合は，バスケットボールに比べると共通点が少なく，自信が引き継がれる程度も低くなると予想されます。

　我が国の企業では分野を横断する異動（ローテーション）が活発になされる傾向があるとされます。営業から人事といった異動を考えると，両職務での共通点を見出しにくいため，エフィカシーのドメイン特異性が問題になりそうです。総務から人事への異動であれば営業からの異動に比べると共通点が見出しやすく，エフィカシーのドメイン特異性がそれほど問題にならないといえます。

　エフィカシーはドメイン特異性があるため，新たな分野での挑戦を行いたい場合には，新たな行動を起こし，試行錯誤やモデリングによって新たなエフィカシーを構築することが求められます。すなわち，新しいドメインのエ

フィカシー構築には，行動変容が必要不可欠といえます。

　行動変容を促す方法は学習，健康増進支援，認知行動療法などの分野で近年注目されています。エフィカシーの開発と深い関係があり研究も多数存在します。エフィカシーを開発する方法と行動変容を促進する手法は相互に強く関連しているといえるでしょう。

達成体験のデザイン

　エフィカシー構築の4つの手法のうち，もっとも強力な達成体験を高める方法について以下では見ていきます。

◯ 機会とマネジメントサイクル

　達成体験は実践や経験を通じてのみ積み重なります。実践や経験によって，習熟し，成功体験を経験することで，その分野のエフィカシーが高まっていくものです。したがって，成功体験につながるような実践や経験の場をいかにして用意するか，すなわち，達成体験のデザインが重要になります。

　達成体験のデザインの第1歩は，図3－4（達成体験のマネジメントサイクル）に示すように，メンバーひとりひとりの役割を明確化し，タスク挑戦の機会を検討することと繰り返しの経験を糧にできるようなサイクルを回していくことが求められます。もしあなたがマネジメントする立場であれば，メンバーがまずは小さく行動を起こすことができ，何らかの結果を出すことができるような役割や機会をつくることが重要です。

　また，本人のエフィカシーの状態を考慮し，どこからマネジメントサイクルをスタートするかという観点も重要です。状況に応じてガイドする必要があるからです。たとえば，何をするにしても自信が無いという状態の場合には，まずは本人のリソース（様々な資源・資産）を認識してもらえるよう内省を促す対話の機会をつくることが先決でしょう。

　また，どのような目標を目指すか（何をするか）が不明瞭な場合には，まずは本人が何を実現したいか検討するための内省や対話の機会をつくることが先決になるでしょう。一方で，目指したい目標や解決したい課題はあるが

図3-4　達成体験のマネジメントサイクル

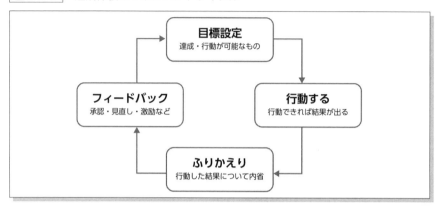

　行動する自信が無いという場合には，目標をステップに分けて，具体的な行動にまで落とし込むよう要素分解して目標設定を行うことが必要でしょう。

　行動を起こすことはできるが成果が出ず自信を失っている場合には，行動した結果のとらえ方・解釈について，肯定的な視点を提供しながら内省を支援する必要があるでしょう。またポジティブなフィードバックも重要になります。

◯ 達成体験の頻度と粒度

　エフィカシーの向上には達成体験が重要であることを繰り返し述べていますが，いったい，どのくらいの頻度で達成体験が経験できることが望ましいのでしょうか。それが分かれば，適切なタイミングで達成体験が得られるように，機会を提供するという達成体験のデザインが可能になるはずです。

　また，達成体験の頻度という物差しだけでなく，その規模・サイズという側面にも注意を向ける必要があります。言い換えるならば，達成体験の「粒度」と呼べる側面です。達成体験を数多く積み習熟を目指すならば，そのタスクの粒度つまりサイズを小さくすることが求められます。

　達成体験をできるだけ頻繁なタイミングでかつ，そのサイズを小さくすることで，タスクの実践ができたかどうか，行動した結果をどうとらえるか，頻繁にふりかえりを行う機会を持つことを目指すのです。

| 図3−5 | 達成体験の頻度と粒度 |

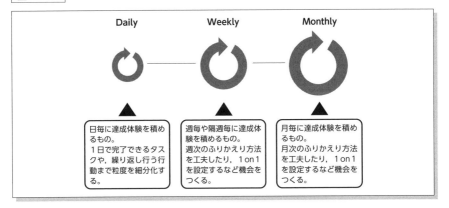

具体的には**図3−5**（達成体験の頻度と粒度）に示すように，日々達成したい目標・課題を設定し，それらが週次で達成したい目標・課題につながり，さらに月次で達成したい目標・課題を検討することが必要です。こうした頻度が高く，粒度が小さい目標・課題の積み重ねから，日ごと，週ごと，そして月ごとのふりかえりの機会をつくります。

こうすれば，あくまで単純計算ですが，1年間で365日＋50週＋12ヶ月で，427回のふりかえりを行う機会をつくることができます。

我が国の企業の多くは目標管理制度（MBO）を何らかの形で採用し，運用しているとされます。MBOの下では，期初に定めた目標や課題の達成度を年に1度，半年に1度，多くても四半期ごとに評価するのが一般的です。

427回と最大4回（四半期ごと）を比べれば，どちらが頻度の高いふりかえりかは歴然としています。頻度が高いことはそれだけ，達成体験を積む場が多いということになり，エフィカシー向上のチャンスが増えるといえます。

MBOは頻度が少ないことに加え，達成体験を得られる場というよりは，評価のための場となっていることが多いようです。日常的に日報や週報に取り組んでいる場合も，業務報告が主になりがちであり，達成体験を得ることができていない場面が多いのです。これではエフィカシーを開発することは困難です。

達成体験を積めるマネジメントサイクル（目標設定→行動→ふりかえり→

フィードバック）をしっかり行い，その回転数（頻度）とサイズ（粒度）を
うまくデザインし運用することができれば，エフィカシーを開発する機会は
より多くなります。自信につながるタスクを繰り返せるように，達成体験の
頻度と粒度を適切にデザインすることが重要です。

◎ 行動結果に対する意味付け

　エフィカシーを高める達成体験は，単純に成功した経験を繰り返すだけで
はそのポテンシャルを十分に引き出すことができません。経験したことその
こと自体が重要なのではなく，その経験をどのように意味付けるかが肝要で
す。

　成功した経験は自信につながることは間違いありませんが，図3−6（経
験の意味付け）に示すように，どのように解釈するか次第でその影響度は異
なってきます。たとえば社内で重要な戦略プロジェクトが成功しあなた自身
はそのメンバーとして活躍していたとしても，たまたま外部環境が良かった
とか，運が良かったとあなたが考えてしまえば，エフィカシーの向上にはつ
ながらないでしょう。同様に，ある目標をあまりにも容易に達成できてし
まった時に，自分の能力に関係なく誰でもできるものだと考えてしまっては，
エフィカシーの向上には寄与しないかもしれません。

　一方でプロジェクトそのものは失敗に終わったとしても，プロジェクト遂
行の過程であなた自身の成長を感じられたり，失敗の原因が明らかで次回は
挽回できそうだと認識できれば，失敗経験は次への糧として，エフィカシー
の向上が期待できるのです。

　行動を起こし，何らかの結果（成功または失敗，その他）が出たら，プロ
セスを注意深く観察し，ふりかえりを行うことです。このふりかえりを内省
と呼びます。内省により，うまくいったこと，改善すればより良い結果にな
りそうなこと，次に注意すれば良いこと，得られた知識・能力・経験，ポジ
ティブな感情，ネガティブな感情など何らかの情報が得られることは学習と
いえるでしょう。行動の結果を内省し，学習することで，結果に意味付けが
なされ，エフィカシーの開発が促されるのです。

　せっかくの行動を「やりっぱなしに」せず，内省と学習によって経験の意

図3−6　経験の意味付け

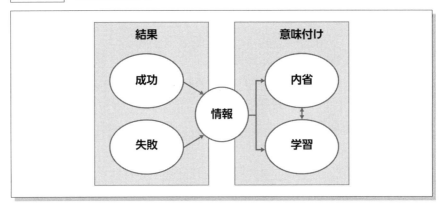

味付けを行うことが重要なのです。生まれながら，経験の意味付けを行うことが得意な人も存在しますが，そうした人はすでにエフィカシーが高い状態といえるかもしれません。

　エフィカシーの開発は自律的に行うこともできますが，多くの人にとってエフィカシーの開発をサポートしてくれる存在は重要です。そうした存在として心理的資本のガイドは有益な存在となり得るのです。

◯ ステップ・バイ・ステップ法：行動変容の促進法その1

　達成体験を繰り返すには，当事者であるメンバーひとりひとりの行動を引き出すことが肝心です。つまり，行動変容を促進することが必要不可欠です。以下では，様々な行動変容の促進手法について説明していきます。

　第1の手法として，「ステップ・バイ・ステップ法」があります。「自分にはやれない，難しい」と感じ，行動を起こす自信がない場合に用いられるアプローチといえます。行動を起こす自信がない状態は，すなわちエフィカシーの低い状態といえます。

　目標に到達するためには，何かしらの行動を起こし，様々なタスクを実行しなければなりません。まずは「実行できそうだ」と思えるようタスクの難易度レベルを下げることがステップ・バイ・ステップ法のポイントです。

　最初のステップが実行できたら，タスクの難易度をもう少しだけ上げます。

図3－7（ステップ・バイ・ステップ法）にあるように，こうした繰り返しにより，「自分にもできる」という"行動する自信"を強化していくのです。目標に向かって一歩一歩，一段一段進んでいる感覚を持つことができるため，小さな達成体験を繰り返し得られます。

　ふりかえりを行い，難易度レベルを上げられるという余裕が生まれれば，また次のステップとして難易度を上げていくのです。難易度への主観的な感覚は個人毎に異なるということを前提にしながら，本人が「これならできる」というレベルに最初の一歩目を調整することが重要です。決して上司やリーダーが部下やメンバーの難易度を一方的に決めつけ，押し付けないことです。

　たとえば読書習慣をつけたい人なら「1日1ページ読む」とするのも良いかもしれません。それが難しければ「本を開く」「本を持ち歩く」だけでも一歩目としては良いかもしれません。最初の難易度はその人のレベルに合わせます。

　極端な言い方をすればエフィカシーが低い場合「バカバカしいくらいの簡単なこと」からやってみることをお勧めします。やってみると，意外とそれ以上のことができることに気づくこともあります。まずは一歩目を踏み出すことが大事ですし，そのためのサポート役の存在は意義深いものです。他者から見れば簡単すぎるようなことであっても本人にとっては意味ある一歩で

図3－7　ステップ・バイ・ステップ法

あることを念頭にサポートすることが必要です。

◯ セルフ・モニタリング法：行動変容の促進法その2

　行動変容を促す方法の2つ目として，「セルフ・モニタリング法」について説明します。セルフ・モニタリング法とは，文字通り自分自身で自らを監視・監督することを意味しています。心理学ではセルフ・レギュレーション（自己制御，自己統制など）と呼ばれることもあります。

　セルフ・モニタリング法が適切なタイミングは，自分自身で「最近の変化や成長がわかりづらい」と感じている場合や「行動はしているものの，行動そのものに自信を持てない」ような場合です。

　セルフ・モニタリングの狙う効果は大きく2つあると考えられています。

①　行動を積み重ねているという事実を自己認識できる
②　自分自身の状態・状況の変化を客観的に観察し自己認識できる

という2つです。

　こうした効果を得るために，まず，目標達成や課題解決に向けて実行する行動目標（タスクや習慣のように毎日実行したい具体的な行動）を設定し，実行できたかどうかを，図3−8（セルフ・モニタリングの具体例）のように日々記録していきます。どれくらい実行できたかが，グラフのように可視化されると，自分が積み重ねた努力を客観的に確認することができます。毎日の行動の積み重ねを「見える化」することはモニタリングそのものです。

　目標・課題に向けた行動の変化や行動の結果としての進捗状況も同時に記録していくことで，自身の改善や変化（または目標に向けた進み具合）を認識しやすくなります。行動することで良い変化や，前に進んでいるという実感を得られて達成感を感じやすくなります。

　また，進んでいる方向が目標達成に向かっているかどうかも再確認できます。行動に対する意味付けを行うことで，さらなる動機付けにもつながるでしょう。

　日々の行動の積み重ねを客観的に記録し，行動の意味付けを重ねることは，

図３-８　セルフ・モニタリングの具体例

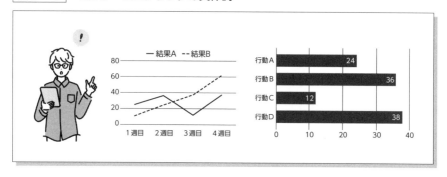

エフィカシーを向上させる達成体験の積み重ねともなります。

● 行動強化法：行動変容の促進法その３

　行動変容を促す第３の方法として，「行動強化法」があります。ある行動をとったときに，その行動を繰り返し行えるように心理的に強化することです。たとえば，自分自身が「必要な行動であるが，今一つその行動にメリットを感じていない」場合や，「何のためにその行動をとるのかがあいまいで，明確な目標が持てていない」場合に有効と考えられます。

　特定の行動に対して心理的に強化するためには，図３-９（行動変容とご褒美）に示すように，あらかじめ，行動目標を達成した時の「ご褒美」を設定することです。ご褒美があるという条件だけで，その行動の動機付けになるだけでなく，行動できたときに嬉しいご褒美があることで，より次の行動を起こしやすくなる＝強化されるので，行動の習慣化が促されるのです。さらに，行動による達成体験が生み出され，自信を得ることもできるでしょう。

　注意すべき点は，そのご褒美として，金銭などの外部から提供される物質的なものを回避すべきだということです。こうした外部から提供される報酬を心理学では外的報酬と呼びます。外的報酬は心理的に強化する効果が強すぎるため，いったん外的報酬に慣れてしまうと，外的報酬が無ければ行動を起こさないといった状況を生み出しがちです。また，外的報酬は有限で，いつでもどこでも提供されるとは限らないものです。

　したがって，ここで用いるご褒美として適切なものは，行動の結果得られ

図3−9　行動変容とご褒美

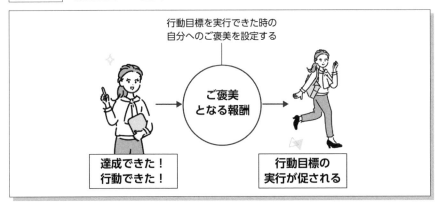

る自身に良い変化（何らかのポジティブな成果や成長など）や充実感といった内的報酬です。真のご褒美は，課題が解決に向かうことや，自身の目指したい目標が明確になり，目標に向かって進むことができている実感を得ることです。また，ポジティブなフィードバックや評価を他者から得ることも，本人の有能感を刺激することで内的報酬になり得ます。

　成長や充実感を自覚することや他者から成長や感謝といったフィードバックを得ることが「真のご褒美」であり，継続的に行動変容を強化するパワーツールとなります。

　行動強化法をうまく活用することで，行動変容への第一歩を心理的に後押しし，行動の継続を促す手段とすることが重要です。

◉ 習慣化する共通点を探る

　エフィカシーは，特定のドメイン（領域・分野）で特異性があることはすでに説明しました。あるドメインのエフィカシーを高めるためには，一度きりの達成体験では心もとないものです。

　たとえば特定のドメインのエフィカシーを高める場合でも，多くの場合で継続的な実践とそれに伴う複数回の達成体験が必要です。目標達成や課題解決を目指し「よし，やるぞ！」と行動を起こし，短期的に達成できたとしても，続けることができなければ，「やっぱり駄目だ」「どうせ自分には無理

だ」とエフィカシーは低下しがちです。

　心理的資本は比較的安定しているとすでに説明しましたが，生まれ持った資質のように安定しているものではありません。1 度の成功体験から一時的にエフィカシーが高まったとしても，その高いレベルのエフィカシーを維持するために継続的な実践が求められます。

　「継続は力なり」といいますが，習慣化すると無意識に行動できるため，行動を起こすためのエネルギー消費が少なくて済み，実践の繰り返しが容易になります。結果として目標達成という経験が蓄積され，高まったエフィカシーが定着していくと考えられます。

　行動変容を習慣化するためには，一時的な達成体験を内省し，何がうまくいった要因なのかを認識し，成功パターンを繰り返すことが必要です。うまくいった要因を内省から導き出すこともできますし，その内省を促してくれるサポート役となるガイドの存在も有益です。

　具体的には，行動変容を習慣化するために，以下のポイント（**図 3 − 10 行動変容の習慣化**）に気を付けてみてください。

　① 　過去・現在の自身の習慣をふりかえること（とくに無意識で続けていることは意識的に自己認識することが求められます）
　② 　続いている習慣にはどのような共通点があるか発見すること
　③ 　日常生活や日常タスクに組み込むこと（またはやめたい習慣と入れ替えること）
　④ 　意識的に小さく実行し，小さな達成を喜ぶこと

　こうした 4 つのポイントを押さえることで，習慣化のサイクルが回り始めます。習慣化に向けて意識的に行動ができたことを，1 つの達成体験ととらえられるよう，しっかりとポジティブ・フィードバックを行うことが重要であり，ガイドはこの点を重視すべきだといえます。

　習慣化を実現できれば，たとえるなら無意識でも目標に向かうオートパイロット（自動運転装置）を得たようなものです。次の段階として，新たな行動を起こすことも容易になるでしょう。それが別のドメインのエフィカシー

図3−10　行動変容の習慣化

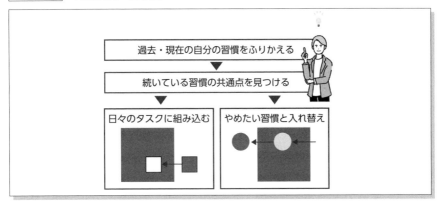

　の向上や定着につながっていくことでひとりひとりのエフィカシーは領域が
広がり，強化されるのです。

☁ 代理体験のデザイン（目標共有とプロセス可視化）

　達成体験がもっともエフィカシーの向上に効果的であることは心理学の研
究でも明らかにされています。しかし，1人で体験できる機会はやはり限定
的ですし，達成体験を得ることは時間やコストといったリソースが比較的多
く必要といえます。

　そこでエフィカシーを高めるために有効な第2の方法として「代理体験」
を取り上げましょう。代理体験とはモデリングとも呼ばれますが，他者の行
動やその結果を観察し学習することで「あの人がやれるなら自分もやれる」
という自信を生み出します。良い意味で他者からの影響をうまく使い，他者
の行動から自分自身に応用できるコツを見つけるという意味で，社会的学習
とも呼ばれます。

　エフィカシーの第1の方法である代理体験が直接体験したことから学習す
るのに対し，代理体験は他者による間接的体験から学習するという大きな違
いがあります。したがって，代理体験には適切な他者の間接的経験をうまく
選ぶことが必要です。適切ではない他者の経験から学ぼうとしても，自分自

身には応用できないものとなり，エフィカシーが高まらないのです。

　適切な代理体験を得るために，モデルとなる相手と自分に類似性があると感じるほど望ましい効果が得られます。類似性の高いモデルが容易に見つかるのが，同じ職場におけるチームメンバーや同時期に入社した同僚たちです。チームでの業務の遂行や同期とのグループ研修の場では，とくにモデルが見つかりやすいといえます。

　適切なモデルが見つかれば，目標共有とプロセス可視化，お互いの関係性づくりを考慮し，代理体験の「場」をデザインします。少なくとも目的や目標が共通であれば，取り組むタスクに類似性が生じ，お互いを知ることで共通点を見出すこともできます。具体的には図3-11（代理体験の場づくり）に示す4つのポイントを意識して，代理体験が促進されるようにデザインすることが求められます。

　①　共通目的・目標を意識できる機会をつくる
　②　お互いを知り理解するための機会をつくる
　③　目標へのプロセスを可視化しお互いに共有する方法を検討する
　④　成功体験・失敗体験の情報共有をする方法を検討する

　もし，あなたが代理体験を促そうというガイドやリーダーシップを発揮する立場であれば，これらの4つのポイントに焦点を当て，チームやグループが構築されているかをチェックしてみてください。代理体験の場をうまくつくり上げることが代理体験のサポート機能の肝となります。

図3-11 代理体験の場づくり

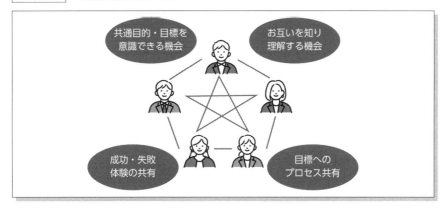

◯ ピア・ラーニング法：行動変容の促進法その4

　エフィカシーを高める代理体験を促進する行動変容の手法に「ピア・ラーニング法」というものがあります。「ピア＝仲間・同輩」という意味であり，仲間同士で学び合う，仲間の達成体験から学習することを促すことで，代理体験を活性化する手法です。

　すでに説明したように，立場や状態に類似点が多いほど，お互いの経験を自分に置き換えて「自分にもできそうだ」と感じることが容易になります。類似点はたとえばキャリア，能力，バックグラウンド，目標，タスク，抱えている問題，それぞれの置かれた環境や状況が考えられます。

　企業という組織を考えれば，同じ職場にいる同僚であれば，こうした類似点が必然的に多くなり，同僚同士で経験を共有することができます。こうした経験の共有がすなわち他者の経験から自分自身に生かせる知恵やコツを学ぶという代理体験となるのです。

　また，経験から得られた教訓を仲間に教えることは，教えられた同僚の代理体験につながるだけでなく，教えた本人にとっても達成体験の内省やフィードバックにつながります。すなわち，達成体験からの教訓を周りに伝えることで，周りのピアの代理体験が促進されるのです。共通点がある仲間からの具体的な実体験に基づく事例や教訓の共有は，高い代理体験効果が望めます。

図3−12　周囲との信頼関係と代理体験

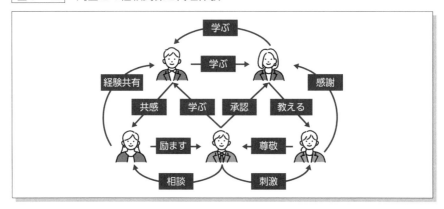

　もう1点，大切なことがあります。エフィカシーを高めるためには実践的
な課題になればなるほど，身近と思える存在からの学びが有効であることで
す。たとえば経営者や優秀なコンサルタントやプロのトレーナーからよりも
「自分と立場の近い尊敬できる仲間（同輩・同僚など）」からのアドバイスや
フィードバックが効果的に作用する可能性が高いといえます。

　身近な人であればあるほど，自身との共通点が存在し，それが代理体験の
効果を高めるといえます。したがって，**図3−12**（周囲との信頼関係と代理
体験）に示すように，身近な仲間への自己開示や承認の促進など，相互に情
報を共有し，認め合うことができるような関係構築を図ることは代理体験を
促進するためにも有益となります。

　代理体験が活発に行われるような職場をつくり出すためには，オープンで
誠実な情報交換に基づく，信頼関係を築けるような支援が必要で，そのため
のガイドの役割が期待されます。

◯ モデリングの支援

　代理体験は文字通り，間接的な体験を提供してくれる適切なロールモデル
を見つける（選択する）ことからスタートします。つまり，適切なロールモ
デルが見つからなければ，そもそもロールモデルを観察し学習すること（＝
モデリング）で代理体験を得ることはできないのです。

　適切なロールモデルが見つかれば，ロールモデルが体験したように，自分でもできるのではないかという自信が生まれ，その自信に突き動かされて行動が促されるのです。

　しかし，**図3−13**（ロールモデルの設定）にあるように，やりとげる自信が著しく低下している場合には，ロールモデルを見つけたとしても，そのロールモデルと自分との共通点が多少あったとしても「あの人だからできるんだ」「自分には無理だ」とネガティブな思考に陥りがちになります。

　こうしたネガティブ思考が作用することを回避し，ロールモデルとあなた自身の共通点や相違点を客観的に指摘してくれる存在が心理的資本のガイドといえます。客観的な第三者としてロールモデルとあなた自身の共通点に関する内省を促し，ロールモデルのように行動できそうだという主観的な見通しを促すことがガイドに求められます。

　エフィカシーを開発するパワフルな代理体験を得られるようにするためには，以下の項目に留意することが重要です。あなた自身が内省する際にも，ガイドとして他者の内省を促す場合にも以下の点に留意すれば，適切なロールモデルが見つけやすくなり，代理体験によるエフィカシーの向上が実現できると考えられます。

① 　前提として，自分とまったく同じ人はいないことを認識する
② 　自分自身の現状を認め受け入れる（違いを認めることができる状態へ）
③ 　自分にとって活かせることは何か観察し内省する
④ 　自分がコントロールできることに集中し行動を起こす

　実はこれらの4つのポイントはあとで解説する心理的資本のホープ，オプティミズム，レジリエンスの開発方法にも密接にかかわっているのです。ここで説明しているエフィカシーは，他の3要素であるホープなどから影響を受けるものであり，影響を与えるものでもあります。

　したがって，エフィカシーを開発することは，他の3要素にもポジティブな影響を与えるという互恵性を理解しておくことが重要です。

| 図3-13 | ロールモデルの設定 |

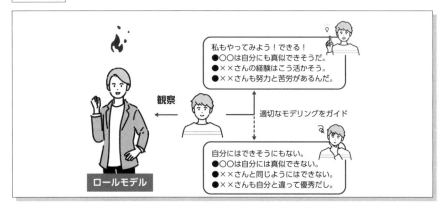

● プロセス共有と代理体験

　ここまでの代理体験は基本的にメンバーひとりひとりで行うことを前提に説明してきました。現実の職場では，チームやグループでタスクを遂行する機会が多くなると思います。

　そこでチームやグループでのタスク遂行での代理体験を考えていきましょう。チームやグループで代理体験を活性化するコツは，**図3-14**（プロセスの共有と代理体験）に示すように，タスク遂行のプロセスをチームやグループのメンバー同士でいかに共有できるかにあります。

　チームやグループで何かしらの目標達成や課題解決に向けて努力し，その最終結果のみをメンバー間で共有するだけでは，最終結果に至るまでの様々なステージでメンバーが学ぶ機会が大きく減少します。加えて，「一緒に自分もやろう」「○○さんががんばっているなら私もがんばろう」と感じるような機会を奪ってしまっているのです。これはエフィカシーを高める代理体験の機会をみすみす見逃していることにほかなりません。

　最終結果だけを共有する場合を1とした時に，あるメンバーの結果に至るプロセスをn人のチームで共有すれば1×n倍の機会が生まれます。さらに，チームメンバー間で各々のプロセスを共有しあうことができればn人×n倍の機会が生まれていきます。

　こうしたプロセスの共有が代理体験そのものであり，1よりもn倍，n×

図3-14　プロセスの共有と代理体験

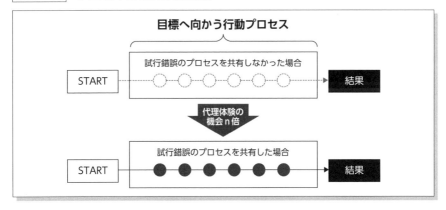

n倍へと代理体験の機会が乗算的に増えていきます。その分だけエフィカシーの向上が期待できるわけです。

　結果だけでなくプロセスを共有することは乗算的に代理体験の機会を生み出します。プロセス共有にあたり留意すべき点を改めて指摘すれば，以下のようになります。あなた自身がメンバーの場合であれ，心理的資本のガイドとして他者の代理体験を刺激したい場合であれ，以下のポイントに留意しながらプロセスの共有化を進めることが重要です。

① 可視化・共有するための仕組みの導入や決めごと・仕掛けをつくる
② 情報やノウハウを隠さず共有することを承認・賞賛する
③ 自発的な共有やフィードバックが生まれる信頼関係をつくる

社会的説得（言語的説得）

　エフィカシーを高める第3の手法として「社会的説得」があります。言語的説得と呼ばれることもあります。

　この手法は，「ポジティブ・フィードバック」を伝えることで，相手のエフィカシーを高めることができるため，他者のエフィカシーを高めるためのもっとも手軽でシンプルな方法といえるかもしれません。あなた自身が周り

の人のエフィカシーを高めたい場合にはまず取り組んでほしい手法といえます。

　もちろん，あなた自身のエフィカシーを高めたい場合にも周りの人からのポジティブなフィードバックを得ることができれば，社会的説得によるエフィカシーの向上が期待できます。

　社会的説得が機能するためには，他者からのフィードバックが必須となりますが，フィードバックを与えてくれる他者が誰なのか，どんな人からのフィードバックがより有効なのかに注意を払ってください。誰でも良いというわけではなく，目上の人，尊敬する人，信頼する人，あなた自身のことをよく知っている人からのポジティブな言動や共通の目標を目指す仲間からの自分に対するポジティブな言動がより有効なのです。

　社会的説得と呼ばれる理由は，このように周囲からの言葉による影響を受けるからです。モチベーションを刺激するために複雑な評価報酬の仕組みをつくるより，高価な研修やトレーニングを行うよりも，業績向上に効果的であると指摘する研究もあります。とくに答えのない課題や複雑な課題に取り組む意欲を継続して引き出すためには，ポジティブなフィードバックによるエフィカシーの向上が重要だといえます。

　「あなたならできるよ」「〜が上達しましたね」というようなメッセージを繰り返しもらうことで，「自分にもできる」という自信が生まれてきます。信頼できる他者から繰り返し自信を刺激するような言語フィードバックを得ることで，「わたしはできる！」と自分自身を鼓舞することが期待できるのです。

　大げさに褒めるような称賛が必要だと考えがちです。しかし，図3−15（日常のポジティブ・フィードバック）に示すように，存在を認め信頼や期待を伝えたり，小さな行動や変化の事実に注目し承認したりといったちょっとしたコミュニケーションをとることが大切です。ポジティブ・フィードバックの効果は想像するよりも大きなものです。ぜひ，その効果を積極的に活用してください。

図3−15 日常のポジティブ・フィードバック

◉ 承認・フィードバック・フィードフォワード

社会的説得にはポジティブ・フィードバックが有効なので，ポジティブ・フィードバックの機会を設けることが必要です。たとえば，定期的に1on1ミーティングや目標面談，またはキャリア相談のような場があるならば，それらはエフィカシーを高めるポジティブ・フィードバックの絶好の機会です。

ポジティブ・フィードバックは一度きりよりも繰り返すことがより有効です。ポジティブ・フィードバックに加えて，「こうすればもっと良くなる」という改善フィードバックをセットで伝えることができれば，なおよしです。改善フィードバックがうまく作用すれば，改善点を評価し，さらなるポジティブ・フィードバックが行えるようになるからです。

ただし，改善フィードバックを伝える際には，図3−16（フィードバックのサンドイッチ）のように，ポジティブ・フィードバックで改善フィードバックを挟み込むことに留意することが大切です。

同時に，改善点ばかりが多くなりすぎないように，ポジティブ：改善＝3：1くらいの割合を意識してフィードバックを伝えることにも留意してください。

そのためには，まず，事実や相手の人格をしっかり認めていることを伝える「承認」を行うのが先決です。必要に応じて感謝や労いを伝えたり，小さな変化に関心を示すことも承認につながります。

図3-16　フィードバックのサンドイッチ

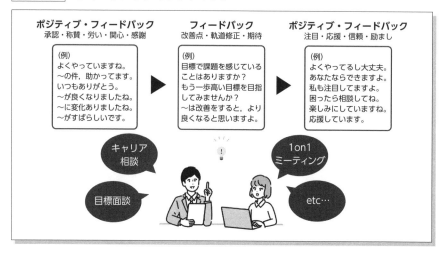

　小さなポジティブな変化に注目し，言及することは，相手に自信や信頼感を与えます。褒めるべきと感じたことはしっかりと称賛します。

　その上で，改善点を助言したり，目標や手段の軌道修正の提案をしたりすることは決してネガティブなことではなく，相手の成長や変化を期待した大切なフィードバックであることを伝えるのです。

　決して存在や事実を否定してはいけません。「行動をより良くしていくため」という視点を一貫して示しながら，コミュニケーションをとることが大切です。

　最後に今後への期待や応援のポジティブ・フィードバックを挟み込むことで，社会的説得のプロセスを終えるようにしましょう。「あなたなら大丈夫」「あなたならできる」というメッセージにより相手に自信を与える形で，締めくくることが望ましいといえます。

　さらに注目していることを伝えましょう。「〜な期待をしています」と伝えることは，過去ではなく将来や未来に視点を向けるのでフィードフォワードと表現することもあります。将来に対する期待が，次のポジティブ・フィードバックのスタートとなることで，社会的説得のループが繰り返し回転していくのです。

◎ 相手を知る・理解する・信頼関係をつくる

エフィカシーを高める社会的説得（ポジティブ・フィードバック）を行うためには，信頼関係を築くことが必要不可欠となります。相手の心に響かないフィードバックでは，その効果は期待できないことは明らかです。

信頼関係を築くためには相手のことを知ろうとする・理解しようとする姿勢と行動（図3－17　相手を知る）が大切です。相手に関心を持ち知ろうとするコミュニケーションは，それ自体が相手を承認することにもなります。相手から信頼を得ようとするなら，まずはあなた自身が相手のことを承認し，受け入れることが先決なのです。

しかしながら，いくらあなた自身が相手のことを知ろうとしても，相手が自発的に自己開示をしてくれなかったり，質問を投げかけても率直に話してくれなかったりすることもあるでしょう。相手の性格的なものもあるでしょうし，そもそも信頼関係が築けていない段階では，相手のオープンな態度を期待することは困難です。

相手を知ろうとする場合に，以下のような2つのきっかけをつくる方法があります。

① 相手のことを聞く前に，まず自分ができるだけの自己開示を行う
② 相手のことを観察し，事象・事実の情報に基づいて承認する

まずはこちら側がオープンになることです。自分も話しても良いとする「返報性の原理」を活用することが近道になります。また，すでに判明している事前情報や，日々の状況を目にする相手であれば，丁寧に観察することで承認の一歩目となる情報は集まるはずです。相手のことを知りたいと思う気持ちがまさり，質問攻めしてしまっては，相手にオープンになってもらうことは困難です。

小さな承認の積み重ねにより「自分のことを分かってくれている（知ってくれている）」という認識が強化されます。小さな積み重ねですが，これを繰り返すことで，ポジティブ・フィードバックや改善フィードバックを受け入れてくれる，腹落ちしてくれる信頼関係という基盤が構築できると考えて

図3-17　相手を知る

ください。一朝一夕に信頼関係が築けると焦っては元も子もありません。

◯ ブライトスポットを見つける思考習慣

　ポジティブ・フィードバックを行い相手のエフィカシーを高めようとする場合，相手や相手の置かれている状況の良い点に注目する思考の習慣をつくることが大切です。

　あなた自身も経験する場面が多いと思いますが，人はえてして相手の悪いところや，できていないところに注目してしまいがちです。さらにできていないことに注目するあまり，否定的に相手のことをとらえがちになります。

　こうした人の傾向を認識し，意識的に相手の肯定的な側面を見る，ポジティブな視点を持つような思考の習慣化を目指すことが重要です。良い点に注目するという思考パターンを身につけるためには，本章の前半で述べた達成体験を繰り返すことが有効です。

　最初はぎこちなく，こじつけに近くとも，相手の肯定的な側面を見つけるという経験を繰り返すことで，相手の肯定的な側面，ブライトスポットを探索する自信が徐々に生まれてきます。そして，相手の輝く点（ブライトスポット）を見つける「スキル」として身につけることができるのです。

　もう少し具体的に述べれば，図3-18（ブライトスポットの探索）のように，まずは，相手の「輝く点（ブライトスポット）を探す」ことを常に心が

図3-18　ブライトスポットの探索

| 輝く点を探す | マイナスはプラスに反転する | 経験値に焦点を当てる |

思考習慣をつくる

けます。何か一部でも「うまくいっていること」に焦点を当てることができれば，相手へのポジティブ・フィードバックのネタが見つかります。そのネタに基づき相手にポジティブな言動を提供できれば，相手はさらに自信をつけて次の行動を始めようとするでしょう。

　また，「強みは弱み」「弱みは強み」というように，肯定的な側面と否定的な側面は表裏一体といえます。一見して弱みのように思える側面も見方を変えれば強みに変換できる場合もあります。「マイナスはプラスに反転して考える」ことから，相手のブライトスポットのヒントが得られることもあるのです。

　「経験値に焦点を当てる」こともブライトスポットの探索には有用です。たとえうまくいかなかった失敗の経験であっても，行動を起こし，何らかの挑戦をしたという客観的事実が存在します。失敗経験から，どのような原因でうまくいかなかったかを内省し，次の行動につながるきっかけが得られるなら，それはブライトスポットの起点ととらえることもできます。

　そこに焦点を当てて，ポジティブ・フィードバックを提供できれば，相手の次の行動に対する自信が刺激できるでしょう。こうした一見弱みに見える側面をとらえ直すことで，次の行動へとつなげる思考は，以下で改めて説明するオプティミズムに通じるものがあります。

情動的喚起

　エフィカシーを高める最後の手法に情動的喚起（心理的開放）というものがあります。生理的・情動的喚起と呼ばれることもあり，用語として一般になじみが薄いものです。

　具体例を考えながら，情動的喚起を理解していきましょう。たとえば，職場での重要なプレゼンテーションをする場面を考えます。いいプレゼンをして，上司を説得しようと考え，あなた自身は緊張やプレッシャーを感じているとします。過度な緊張やプレッシャーは，かえって本来の実力発揮を阻害しますが，そのような経験は誰しもあると思います。

　もし，ここであなたの同僚が一声かけてくれることで，緊張が和らぎ，また自分自身の緊張状態を客観的に認識することができれば，落ち着いてプレゼンができそうに思えるものです。

　図3-19（よい緊張とリラックス）に示すように，リラックスした精神状態や緊張している自分自身の精神状態を冷静に把握することで，エフィカシーが向上することが情動喚起の意味する手法です。

　適度な緊張はパフォーマンスの発揮にはプラスになるといわれますが，情動的喚起という観点から適度な緊張とは，感じている緊張やプレッシャーといった心理状態を自分自身で客観的に把握できているレベルだといえます。

　上司の期待などのポジティブ・フィードバックによって，士気が鼓舞されることは望ましいことですが，ガチガチになってしまってはエフィカシーにはつながりません。ドキドキ・わくわく感を持てるレベルの心理状態を維持できてこそ，緊張がエフィカシーにつながるのです。

　また，リラックスした状態もエフィカシーを高めます。リラックスした心理状態をつくり出すために，ある種の儀式を行うことで精神集中を図るアスリートやプロフェッショナルもいます。十分な達成体験や代理体験を積んでいる専門家であっても，実力を十分に発揮するためにはリラックスするという情動的喚起が必要不可欠だといえます。

　こうした情動的喚起を促すためには，基礎・土台の部分として心身の健康があることにも留意してください。心身が健康的な状態を保つことができて

図3−19　よい緊張とリラックス

いなければ，エフィカシーが阻害され，行動を起こしづらくなります。

　体調不良に陥っていると，何かに挑戦したり課題に取り組むことが億劫になることは誰しも経験があることです。体調不良に至らなくても，過度のストレスに長期間苛まれていれば，エフィカシーが阻害されることもあります。心身の健康を維持できていることは，行動を起こす準備ができている状態であり，基礎・土台といえます。もし，心身に問題が発生している場合は，まずは専門家への相談をし，回復を図ることが必要です。

◎ 情動的喚起を生みやすい環境

　エフィカシーを高めるために，情動的喚起を活用しようとすれば，セルフマネジメントだけでなく，情動的喚起を生み出す先行要因となる組織・環境も無視できないことを認識しておきましょう。

　もし働く職場が長時間労働・過重労働を強いることが日常的ならどうでしょうか。上司からは厳しいノルマだけが指示され，圧力による恐怖でマネジメントされているとどうでしょうか。互いに足を引っ張り合うばかりの人間関係が蔓延しているならどうでしょうか。

　職場への安心感，上司や同僚への信頼感が育まれるはずもなく，リラックスした心理状態が生まれるはずがありません。厳しいノルマや人間関係の悪さにより，ストレスレベルが上昇し，離職，労働災害，バーンアウト，無断

欠勤，パフォーマンス低下などが増加するでしょう。

　会社として，またはその組織のマネジメントとして，ひとりひとりがパフォーマンスを発揮しやすい環境を整え改善し続ける努力の意味はここにあります。組織のリーダーは，情動的喚起を生み出すような組織文化・風土を構築するための努力を惜しむべきではありませんし，そのような文化を浸透させていく明確な意志が求められるでしょう。

　もちろん，リーダーシップやマネジメント層の頑張りだけが情動的喚起を促進する環境をつくり出すのではありません。リーダーシップやマネジメントを改善していくことに加え，制度やルールをつくることも有効です。

　たとえば，健康増進プログラムを実施したり，社内のサークル活動を支援したり，ポジティブなコミュニケーション機会の創出を支援するような制度や取り組みは過度のストレスを低減させ，心身の安定の助けとなるでしょう。

　リーダーシップ，マネジメント，そして制度といった要因に目を向け，情動的喚起を促す環境を構築することは，エンゲージメント，定着率，そして業績の向上に貢献します。

　図3－20（情動的喚起と環境整備）で示すように，情動的喚起を促すような環境を整備していくことは，組織マネジャーや心理的資本のガイドに求められる重要な役割といえます。ひとりひとりのセルフコントロールだけではなく，環境も情動的喚起に影響する重要な要因となることを意識することが

図3－20　情動的喚起と環境整備

求められます。

◎ 情動的喚起の自己認識

さきほど，環境要因が情動的喚起を生み出すことを述べましたが，情動的喚起は自分自身の認知によって，コントロールすることも可能です。情動的喚起によるリラックス状態や適度な緊張状態を自己分析し，自身でコントロールできる手法を獲得し，活用できれば，エフィカシーの向上に有益です。

まず意識したいのは，自身のストレスの状態を認識することです。現代は職場に限らず様々なシーンで膨大な情報にあふれており，常に刺激を受けているため気づかぬうちにストレスを受け続けている可能性もあります。また，仕事を遂行するプロセスで一定のストレスに晒されることは避けがたいものです。過度な緊張状態はリラックスした心理状態を阻害し，エフィカシーを低下させます。

一方でまったく緊張がなく，弛緩している心理状態は，一見するとリラックスできているため，情動的喚起が高い状態のように思われます。しかし，刺激が無く不活性な状態であり，必ずしもエフィカシーが高いわけではありません。

日常の中で，目標を持ち何らかの行動を起こすことは一種の刺激となり適度な緊張感が生まれます。一方，心理的疲労を蓄積しないよう心身に休養の時間をつくることで過度な緊張感を緩和することができます。図3−21（緊張と弛緩のバランス）に示すように，現時点での自分自身の行動による緊張状態や休養による弛緩状態のバランスを認識することが重要です。

バランスが崩れていると感じれば，そのバランスをとるといった，メリハリを持つことが大切なのです。

しかしながら予期せぬ外部環境の変化や突発的な事故といった問題から強いストレスを受け，急激にバランスが崩れ，エフィカシーが低下することもあります。こうした状況を乗り越えるためには，心理的資本のレジリエンスが重要な働きをします。心理的資本のエフィカシーの急激な低下に適切に対処するためのレジリエンスというように心理的資本の4要素の相互補完性があるのです。

図3-21　緊張と弛緩のバランス

◉ 情動的喚起のセルフコントロールを促進する

　情動的喚起を得るためには，ストレスをコントロールする手段を持つことです。図3-22（適度な緊張とリラックス）に示すように，自分自身にあえて刺激を与えて適度な緊張感を持つことで，ドキドキ・わくわくするようなタスクやルーティンを持つのも良いでしょう。

　逆に，しっかりとリラックスするためのタスクやルーティンを持つことも情動的喚起に有効だとされます。適度な緊張状態をつくり出すこととリラックスした状態をつくり出すことは一見すると真逆のように見えますが，情動的喚起によるエフィカシーの向上という観点からは同じ方向を持つ手法なのです。

　また，適度な緊張やリラックスを支えるインフラを整備するという観点から，自分に合った心身の健康を保つ方法を習慣化することも大切です。緊張状態であれ，リラックス状態であれ，そのベースとなる心身の健康がなければ，エフィカシーが高まることは期待できません。

　ここまでの説明を踏まえて，あなた自身や他者の情動的喚起を促したい場合には，以下の3つの点を意識した行動を生活の中に取り入れるようお勧めします。

　① 「基礎」となる身体の調子を整えることができる行動

図３−22　適度な緊張とリラックス

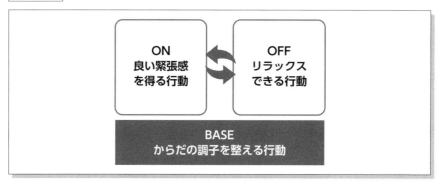

②　気持ちを「オン」にするような行動
③　気持ちを「オフ」にしてリラックスできるような行動

　まず基礎となる身体の調子を整えるための習慣です。その上で適度な緊張状態をもたらす「オン」のモードにするための行動と，リラックスした状態をもたらす「オフ」にするための行動を，生活の中に組み込むことができないか検討するようにしましょう。
　エフィカシーが高い状態の人は，自律的にオンとオフのリズムとバランスをとりながら，これら３つの行動を実践できていることが多いようです。一方でエフィカシーの低い人は，うまくコントロールできずにバランスを崩していることが多いものです。自分や他者のエフィカシーの状態を考慮しながら必要なオン・オフの行動を起こせるようになることが求められます。

◯ 情動的喚起を得る行動を検討する

　情動的喚起には適度な緊張とリラックスが必要だと述べましたが，ではどのような行動がそうした緊張とリラックスのバランスを高めるのでしょうか。残念ながら，万人にとってこれが正解というベストな行動があるわけではありません。
　ある人にとって，どのような行動を起こすことが良い緊張感につながるのか，反対にどのような行動がリラックスにつながるのか。その人がやりたい

と思う健康的な生活習慣はどのようなものなのか。こうした問いには，人それぞれに異なる回答があります。

　たとえ，自分自身の行動であっても，何が適度な緊張をもたらすか，リラックスをもたらすかは正確に理解することが難しいのが一般的です。まさに人それぞれであり，正解は無いという前提をまずは認識することが必要です。

　どんなことが好きなのか，嫌いなのか。何をしている時に心地よく感じるのか。その人にとって無理をせずとも実行できる範囲なのか。価値観やリソースによっても異なりますが，自分の行動とその時の心理状態をできるだけ客観的に把握する習慣が有効です。どんな時に緊張を感じたのか，リラックスを感じたのかを日々記録するだけでも，自分にとっての緊張とリラックスのバランスが見えてくるでしょう。自分自身のことをよく知る必要もあるでしょうし，他者のバランスを知ることも大切です。

　緊張とリラックスのバランスが重要だと頭で理解していても，どのような行動を実践すれば良いか，最初の一歩を踏み出せずにいる人もいます。こうした人には**図3-23**（緊張とリラックスのための具体的行動）に示すように，「自分の場合は～ですよ」「たとえば～も良いと聞いたことがあります」のような例示を行うことで，具体的な行動のアイデアや選択肢を提供することができます。

図3-23　緊張とリラックスのための具体的行動

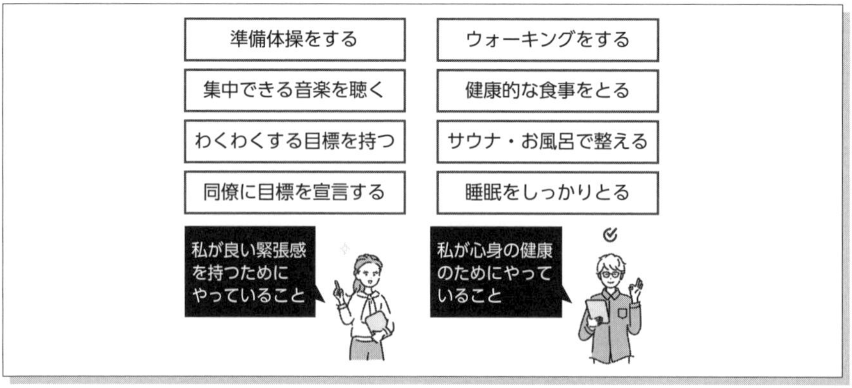

　ただし，最終的には，その人自身が「やってみたい」と思うことで，自己統制感（自分で自分をコントロールできている感覚）を感じてもらうことが不可欠です。「やらされ感」や義務感につながらないように気を付けながら，自分で考え決めたという自己決定を尊重してください。

◯ 良質な緊張感を生む人の目

　情動的喚起につながる良質な緊張感（ドキドキ・わくわく）を生む方法の１つは，「人の目」です。図３-24（良質な緊張とポジティブ・フィードバック）に示すように，誰かから注目され応援されることや承認・称賛・期待の言葉といったポジティブ・フィードバックは良い緊張感を生みます。

　人の目といっても，間違ってはいけないのは「監視」ではないということです。監視はネガティブなストレスを生みます。なぜなら，監視は性悪説（人は生来，悪であるという考え方）に基づき，監視しなければさぼる，手を抜くという前提で実施されるからです。良質な緊張を生むのは応援や承認のようなポジティブな人の目であり，決して監視ではないということを肝に銘じることです。

　性悪説で監視をするのではなく，かといって性善説（人は生来，善であるという考え方）で放置するわけでもなく，「性弱説（人は良くあろうとするが弱いという考え方）」の立場をとり，人は１人では弱い生き物であるとい

| 図３-24 | 良質な緊張とポジティブ・フィードバック |

う前提に立つことを常に念頭に置きましょう。

　応援や承認のようなポジティブな人の目も万能ではありません。相手のストレス状態やリソース不足といった場合には，かえってプレッシャーを与えてしまう可能性もあります。継続して，無自覚な応援がなされれば，さらに強いストレスを与えてしまい，バーンアウトなどの不幸な結果につながることさえあります。

　過度なプレッシャーになっていないかを確認することは必ずしも容易ではありません。そこで，良質な緊張感を生み出すには，まずはリラックスすることを推奨します。リラックス状態を整備した上で，相手をしっかりと認める承認を行い，安心感を得てもらうことです。そして，次のステップとして小さな達成体験を得られるような無理のない行動を促していくように応援や期待をすることです。

　相手をよく知らない場合にはとくに，いきなり応援や称賛をするのではなく，相手のことを知るための対話をじっくり行います。その後，承認を行いながら安心してもらうと共に，相手の状況に合わせて期待や応援を伝えることです。

　あなた自身の良質な緊張感のためにも同様です。まずはリラックスした状態をつくり出し，その後に自分自身の行動や成果についてうまくできたことを承認することです。そして，新たな挑戦をイメージし，やればできるという期待や応援を自分自身へ向けていくことです。

 ## エフィカシー・リフレクションワーク

　ここまでエフィカシーをどのようにして刺激をするかを詳しく解説してきました。本章の記述をみなさんに実践してもらうためのツールが以下に記載する（図3－25）エフィカシー・リフレクションワークです。

　ぜひ，みなさんもワークシートに記載するとともに，本章の記述をふりかえってみてください。このワークシートはみなさんが自信を持つために必要な課題を抽出し，自己認識をすることを目的とするものです。できるだけ直感的に頭に浮かんだ事柄を率直に記述してみてください。

図 3 −25　エフィカシー・リフレクションワーク

エフィカシー・リフレクションワーク　　　年　　月　　日　　氏名

①自信のある領域

あなたが特に自信を持っている領域を選択してください。

□仕事内容　□組織での役割　□教育　□学習
□趣味　□家族　□コミュニティ　□スポーツ
□芸術文化　□貢献　□その他

具体的にはどんなことですか？

自信につながったと考えられるタスクを抽出してみましょう。

▼最も影響があり重要だと思うタスク ベスト3▼

① 　　　　　　（自信度　／100点）
② 　　　　　　（自信度　／100点）
③ 　　　　　　（自信度　／100点）

②強化したい領域

あなたが特に挑戦したい・強化したい領域を選択してください。

□仕事内容　□組織での役割　□教育　□学習
□趣味　□家族　□コミュニティ　□スポーツ
□芸術文化　□貢献　□その他

具体的にはどんなことですか？

成功を収めるために実行が必要なタスクを抽出してみましょう。

▼最も影響があり重要だと思うタスク ベスト3▼

① 　　　　　　（自信度　／100点）
② 　　　　　　（自信度　／100点）
③ 　　　　　　（自信度　／100点）

※もし自信度の自己採点に困ったら「どうにかやれる＝50点，他者からの期待を満たせる＝80点，絶対的な自信がある＝100点」のように考えてみてください。

★Point：記入後にふりかえってみましょう！
自信のあるタスクから一般化できるものはあるか。強化したい領域は慣れ親しんだ領域（コンフォートゾーン）から抜け出しているか，それとも結びつきが強いものか。
自分の強みと関連しているかどうか。夢中になれる新たな領域を選択できているか。できることに焦点をあてたか，できなかったことに焦点をあてたか。新しい領域に挑戦するにあたり，自信につながる背景には，どんな資源やサポートがありそうか。

いったん記述した後にワークシートの下段に記述している「★Point：記入後にふりかえってみましょう！」を読みながら，自己分析してみてください。

エフィカシー・リフレクションワークの重要なポイントは，現時点で少しでも自信を持っていることについて，その自信の理由・要因となる行動の自己認識を促すことです。同時に，課題だと思う領域について，どのような行動を起こすと良いかを検討し，アクションの具体化を目指します。

その際に，ワークシートに記載された自信のあるドメインと，強化したい（挑戦したい）ドメインを対比することを推奨します。この比較によって，なぜその領域の行動に自信を持つに至ったのか気づきを得られるでしょう。たとえ，些細なことでも良いので書けるだけ書き出すことです。

さらに，書き出した内容を見ながら他にも応用，転用できるものがないか，それは現在の課題に活かすことができるものかどうかを検討してみましょう。

重要な影響があるタスクの中で，自信が低いものがあれば，その自信を高めるために何ができるかを具体的に検討する材料にするのも良いでしょう。

☁ エフィカシー・アクション・プランニングワーク

さきほど，エフィカシー・リフレクションワークの説明をしましたが，次に図3−26で示すエフィカシー・アクション・プラニングワークに取り組むことで，エフィカシーを高める行動を実践する手助けになります。

このワークは目標達成（課題解決）に向けた具体的な行動の実行と継続のための計画を意図しています。リフレクションワークで内省したエフィカシーの強い領域やその理由を将来の行動に活用するための計画でもあります。

具体的に記述しにくいと感じた場合には，「★Hint」を参考にしながら，身近な行動を記述することもお勧めです。

プラニングワークのポイントは，難しいと感じる目標や課題も，ひとつひとつの小さな行動にまで要素分解することで，一歩目の行動を起こすことができる程度の難易度に落とし込むことです。一見すると困難でハードルが高い目標も，「やれそうだ」と本人が感じるサイズまで細分化することでエ

図３－26　エフィカシー・アクション・プラニングワーク

アクション・プランニングワーク　　年　月　日　氏名

①達成したい目標，または難しいと感じている課題を１つあげてください。

②上記の目標達成・課題解決のために行動可能かつ達成可能なサイズに細分化したタスクを書き出してください。

□ □ □ □ □ □ □ □ □ □	□ □ □ □ □ □ □ □ □ □	★Hint ・要素で分解する ・工程で分解する ・期間で分解する ・量で分解する ・積み重ねる行動に分解する など一例ですが，目標・課題の特性に合う方法でタスクを抽出します。 ※繰り返しや積み重ねるものはHabi*doの習慣に登録，それ以外はタスクに登録してみましょう。

③目標達成・課題解決のために誰を参考にしますか？

★Hint：誰の頑張りが刺激になりますか？

④目標達成・課題解決のために誰にサポートしてもらいますか？

★Hint：誰に宣言したいですか？相談したいですか？励まされたいですか？

⑤目標達成・課題解決に向けて前向きに進むために習慣化したいことは？

・ ・ ・	・ ・ ・	★Hint 睡眠・運動・食事・余暇・人間関係 リラクゼーション・スイッチを入れるルーティンなど ※検討できたらHabi*doの習慣に登録してみましょう。

フィカシーにつながることを意識してください。

小さく分解する際には，最終目標への要素・工程・期間・量・習慣などを切り口にして分解することがお勧めです。

最後に，本シートで具体的なアクションを計画したら，行動の実践へと進みましょう。実践を継続するためには，ロールモデルの存在や，サポートしてくれる存在など周囲からの影響も大きいことを認識し，必要に応じて助けを求めるような働きかけも促しましょう。達成体験や代理体験，ポジティブ・フィードバックを得られやすいように各種のマネジメントツール（たとえば，Be&Do社の提供するHabi*doなど）を活用することもアクションプランニングをプランのままで終わらせないためには有益な手法です。

第**4**章
Hope（ホープ）：
「意志と経路の力」の開発

 ホープとは

　希望と訳されることが多い概念であるが，日本語の持つ希望のニュアンスと心理的資本のHope（ホープ）とはやや異なっています。広辞苑によると希望は「将来に良いことを期待する気持ち」とあります。

　一方で，心理的資本のホープはこうした受け身的なニュアンスよりも，自分自身で設定した明確な目標やゴールに対する熱意や積極性を伴っている点に特徴があります。明確な目標を立てることは目標に対する意欲やモチベーションを高めると，目標設定理論として心理学的に検証されています。

　たとえば，ダイエットをしようという漠然とした目標よりも，3ヶ月で5キロ体重を減らそうという具体的な目標のほうがヒトをより行動に駆り立てるのです。

　また，心理的資本のホープは，目標への熱意だけでなく，目標への到達方法をいくつも思いつく，いくつも準備できることも重要な要素として含んでいます。

　5キロ減量するための方法が，リンゴダイエットだけではなかなか目標の達成は難しいのですが，気持ちいい朝のジョギング，野菜中心のヘルシーなランチ，飲み会や外食は週に1度までにするといった複数の方法を組み合わせることができればホープが高まるのです。

　昨今のコロナ禍において急減した売上を伸ばそうとする外食産業の経営者が漠然とした売上向上を目指すのではなく，四半期ベースで対前年比10%減を短期的目標に設定し，売上向上のために持ち帰りやデリバリーへの対応，業態変更といった複数の戦略を考えることができるなら，経営者のホープがその原動力といえるでしょう。

　ホープを高めるには，先ほど述べたように明確な目標を立てることが有効ですが，気を付けたいのが接近目標を立てることです。「〇〇してはいけな

い」というタイプの目標を回避目標と呼びますが，回避目標は目標への熱意や達成への経路を遮断しがちです。

　たとえば，ダイエットするために焼き肉は食べてはいけないという回避目標を立ててしまえば，それだけでダイエットへの熱意が冷めてしまいそうです。

　Hopeを直訳すれば希望となりますが，目標への熱意と目標達成への多様な経路・手段という2つの要素を考慮すれば，希望と呼ぶのはかえって誤解を招くとわれわれは考えています。そこで，誤解なくホープを理解できるように，「意志と経路の力」という表現をします。

　図4-1（ホープ（意志と経路の力）と希望との違い）のように一般的にホープという言葉から想起されるのは，根拠のない前向きな姿勢，気分の高揚感，時には錯覚のようなものととらえられ，いわゆる希望的観測のように考えられることが多いものです。

　心理的資本におけるホープは，Will Power（意志の力）とWay Power（経路の力）という2つの要素に分解し，説明できるものです。自身の意志が明確で目指す目的が具体的であるほどWill Powerが高い状態となります。また目的に到達するためにどのような道を辿るか経路が複数あり，1つの経路がうまくいかなくても代替プランが見つかる状態がWay Powerの高い状態となります。

　図4-1　ホープ（意志と経路の力）と希望との違い

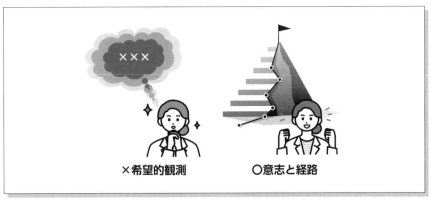

×希望的観測　　　〇意志と経路

　目指す目標が明確であり，本人の「〜したい」という熱意は，強い動機付けとなりエネルギー源となります。そして目標への到達する方法が具体的にイメージできているだけでなく，複数の道筋を思い描けることは，行動を起こしやすくさせます。

　それは，結果として希望を絶やすことなく，前に進むための力となります。ホープは他力本願で受け身的な希望的観測ではなく，意志と経路の力であるということを認識することがポイントです。

　また，意志と経路の力はその定義からも予測できると思いますが，トレーニングや研修などによって一定の向上，開発が可能なものです。決して，将来を肯定的に見たり，望ましい結果をただ期待するといった生まれ持った，性格や才能ではないのです。

 ## 意志の力と経路の力との相互作用

　ホープの定義では，意志の力（Will Power）と経路の力（Way Power）の2つの要素があることはすでに説明しました。ここでは，両者が相互に作用する関係（**図4-2　意志と経路の相互作用**）にあることを理解してほしいと考えます。

　意志の力と経路の力の間には継続的な相互作用が働くことを必ず念頭に置きます。意志を強く持つだけでは不十分であり，経路を描き，目標に向かって，どのように進むかという道筋を描く力が不可欠であるということです。

　加えて，当初思い描いていた経路に何らかの障害や問題が発生した場合にも，別の代替経路を積極的に見つけることができる状態が理想です。

　意志の力から経路の力への作用は，明確な意志や目的意識，こうありたいという自分の軸を持つことで，そこに向かう複数の道筋を探索するモチベーションを引き出すことです。ゴールへの強い熱意があるほど，そこに至るプロセスや手段をできるだけたくさん用意することが容易になります。目標への意欲が達成手段の探索を強く刺激するのです。

　経路の力から意志の力への作用は，新たな経路の探索や開発に伴う創造性，イノベーション，独創性の発揮が，自分で道を切り拓き進んでいる感覚（自

図4−2　意志と経路の相互作用

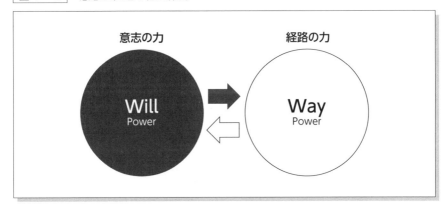

己統制感）を刺激し，その結果として目標に向かうエネルギーがさらに増幅されることです。

　たとえ，ある経路が断たれたとしても，別の経路がイメージできているため，即座に他の経路を進むことができます。経路が断たれたことで一時的に経路の力が低下するのですが，代替経路が用意されているため，目標到達への熱意やエネルギーはそれほど低下しないのです。

　したがって，ホープを高めるように促す場合には，相手の意志・志（Will）を明確にするだけでは片手落ちで，必ず経路（Way）の具体化や複線化を進めることをセットにすることです。

　ゴールを明確化することは日常的に指摘されるかと思いますが，そのゴールへの経路を複数イメージできてこそ，ホープが高まることを忘れないでください。「WillだけではなくWayが必要不可欠であること」，「WillとWayは相互作用をすること」を改めて認識してください。

　ホープを意志の力と経路の力ととらえると，それらをどのように高めるのかが次の課題となります。現代社会では，キャリアの問題に限らずですが，希望を持てないという声を聞くことがあります。そのような状態はなぜ起こるのでしょうか。それはホープが低下しているからであるととらえることができます。

　ホープを高めるには，図4−3（ホープの開発に不可欠な要素）に示すよ

図4-3　ホープの開発に不可欠な要素

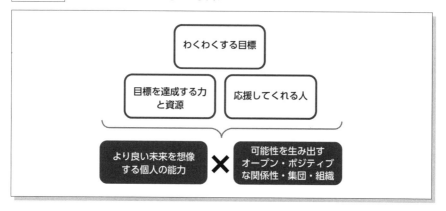

うに，以下の3つの要素があります。

●　少なくとも1つのわくわくするような将来の目標（Will）
が必要不可欠です。さらにホープの経路の力を考えると，

●　自らの目標を達成するための力と資源（Way）
がなければ，目標達成までの有効な経路を複数イメージすることができないでしょう。
　加えて，

●　少なくとも1人以上の自分を応援してくれる思いやりのある人
がいる人とそうでない人ではホープの高さに大きな違いが生まれると考えられます。わくわくするような目標を達成する経路をイメージすることは，新たな可能性を生み出すオープンな思考・アイデア創出を良しとするポジティブな関係性・集団・組織の在り方とも密接に関係しています。
　どんなに熱意を傾けられるようなわくわくする目標であっても，自分1人で達成できることは限られています。周りの人たちのネットワークを活用できれば，目標達成への道筋をより多くイメージすること，より多くの道筋を選択できる可能性が高まります。

　職場であれば同僚，上司，そしてメンターといった存在に加えて，心理的資本のガイドもこうしたリポートをする存在として重要です。彼らが"少なくとも1人の応援者"になり，支援者であることが救いとなります。

　具体的には，「わくわくする目標」を見つけられるよう視野を広げる支援によって，意志の力を向上させること，目標を達成するための資源を獲得したり，存在を認識する支援を行ったりすることで，経路の力を向上させることが，ホープの開発を促進するのです。

ホープの高いリーダー

　ホープを生み出す条件として，最低1人の自分を応援してくれる存在を指摘しました。一般の職場でこうした応援してくれる立場にある人の代表はマネジャーやリーダーです。職場の中で，もっとも頻繁にコミュニケーションをとる相手といえば，直属のマネジャーだという方は多いはずです。

　あなた自身のホープを刺激してくれる上司やリーダーの存在は，メンバーひとりひとりを応援することでメンバーのホープを高め，上司やリーダーのホープの高さがメンバーへ波及することも知られています（図4-4　ホープの高いリーダーの特徴）。

　こうしたホープの流出効果（スピルオーバー）があるため，リーダーのホープの高さはフォロワーの成長に不可欠な存在として認識すべきです。では，ホープの高いリーダーとはどのような特徴があるのでしょうか。

　われわれが調査や研修の実践を通して観察したホープの高いリーダーには以下のような共通点が見られました。

- 具体的で挑戦的な目標設定ができる
- 目標を組織の目的に合わせて計画できる
- メンバーに自身の目標を設定させる（しかもより高い基準で）
- メンバーを受け入れ，尊重し，自律的な目標設定を支援し新しい方法を認める

図4-4　ホープの高いリーダーの特徴

　このようなリーダーの下では，メンバーに「わくわくする」という反応が生まれます。目標そのものが高く挑戦的であることやリーダーが目標達成への経路で支援することは，心理的・生理的な高揚感を生み出します。目標達成への士気が鼓舞され，メンバーやチームのワーク・エンゲージメントの高い状態が生まれます。

　こうしたリーダーの下では，ホープが向上するだけでなく，心理的資本の他の要素にもポジティブな影響があるでしょう。わくわくした目標を設定し，達成経路に十分な支援が得られると考えるメンバーは，目標達成へのエフィカシーが高くなると予想されます。

　ゴールや正解が明確であれば伝統的な計画・組織・統制に基づく管理だけでも十分かもしれません。現代はVUCAの時代とされ，そこでのパフォーマンス向上やイノベーション創出には，メンバーやチームのホープがより求められます。VUCAの時代では，挑戦に伴う失敗や試行錯誤が数多く予想され，そこでは，ホープの経路の力が必要不可欠です。失敗しても他の代替経路を使って目標達成に向かって努力するためには，ホープを欠くことはできないのです。

　したがって，組織やチームの成長を考える時に，リーダーのホープ開発はもっとも考慮すべきことです。

メンバー（フォロワー）のホープ

　さきほど，マネジャーやリーダーのホープについて解説しましたが，ここでは視点を変えメンバーのホープについて着目してみましょう。図4－5（ホープの高いメンバーと低いメンバー）に示すように，メンバーのホープが低い場合と高い場合を想定すると，以下のような職場の様子が描き出せます。

　もちろん，組織の置かれたビジネス環境，扱う製品・サービスの違い，組織文化などの環境要因によってホープの高いメンバーが活躍できたり，逆にそれほどホープが必要とされなかったりしますが，VUCAの時代にあってはいずれが望ましい職場の様子といえるでしょうか。メンバーのホープが高いことがイノベーションや組織変革に結び付きやすいといえるのではないでしょうか。

図4－5　ホープの高いメンバーと低いメンバー

○ ホープの低いメンバーが多い職場

　一見すると従順で協力的なメンバーが多く，平和な職場のように認識されることがあります。しかし，組織に服従しているだけであり，自身の考えや

意志が明確にそこにあるわけではありません。メンバーひとりひとりの目標への熱意も相対的に低く，メンバーの心理的距離は組織から離れてしまっていることもあるでしょう。

こうした職場では，ホープの低いメンバーは変化を嫌い，時には必要な変革の妨げになることさえあります。責任を引き受けず，マネジャーやリーダーの決定に依存し，挑戦的な課題には難色を示し，他者の手助けには消極的といった特徴を見せることもあります。

メンバーのホープの低い状態は，マネジャーがメンバーのすべての目標を設定し，決定を下し，工程を細かく指示する「マイクロ・マネジメント」を行うことで生み出されることもあります。マイクロ・マネジメントはメンバーの自律性や自己決定を妨げ，メンバーひとりひとりの目標への熱意や目標達成の経路を探索する努力を阻害します。したがって，マイクロ・マネジメントではホープを開発することは難しくし，むしろメンバーに絶望や自己否定といったネガティビティを生む可能性が高いといえるのです。

◉ ホープの高いメンバーが多い職場

一方で，ホープの高いメンバーが多い職場では以下のような好循環が生まれやすくなります。

メンバーは自己決定に基づく自律的行動を行う傾向が強く，自身の独立性を持ちたいという志向を持ちます。そのため，誰かから管理・コントロールされることを嫌い，マネジャーからすると「従順ではない」と目に映ることもありますが，メンバー自身は明確で高い目標を持ち，その達成に熱意を持って取り組む傾向が強いといえます。

また，目的の達成のために，常識や先例に囚われず様々な経路を探し，挑戦をするため，同僚やマネジャーから見るとトラブルメーカーのようにとらえられるケースさえあります。

しかし，ホープの高いメンバーは挑戦的な目標達成に向けた強い欲求を持つため，その熱意をマネジャーがきちんと認識し，マネジャーからメンバーへの期待を伝えることがポイントです。

たとえば，ホープの高さゆえに周囲と軋轢を生むことを想定し，周りとの

軋轢をフォローすることや成長や達成に必要なフィードバックをしっかり行うことは，ホープの高いメンバーには歓迎されるでしょう。独りよがりになってしまわぬよう，組織の目的や戦略といった大きな方向性とホープの高さの源泉であるメンバー自身の持つ目標とのすり合わせを行うことで，目標達成への経路が最終的に組織や職場のゴールにつながるように，サポートすることが求められます。

意志と経路の力の開発

　ホープの高いメンバーやその職場の特徴について見てきましたが，あなた自身のホープの高さはどうでしょうか。

　まず，ホープの意志の力（Will Power）がどれくらいあるかを見るポイントを説明します。意志の力のレベルは，以下のような問いをすることでおおよそつかむことができます。Yesが多いほど意志力が高いといえます。

- あなたは何らかの目的や志を持っていると思う
- あなたは自らの目標達成をしようと決意している
- あなたは自身の手で進む道をコントロールしていると感じる
- あなたは目標を達成するために行動を継続できる
- あなたの目標は夢中になれる・没頭できるものである
- あなたの目的の達成のために自ら目標設定を行っている
- あなたの設定した目標はやりがいを感じられる
- あなたは目標に向けて取り組むことを楽しめている

　以上の問いに回答することでおおよその意志の力は測定することが可能ですが，ホープにはもう1つ経路の力が必要です。自身の持つ様々なリソースを認識し，活用し，必要に応じて開発しながら目標達成を目指す「経路の力（Way Power）」と意志の力が合わさったときにホープが高まるのです（図4−6　ホープの開発）。

図4－6　ホープの開発

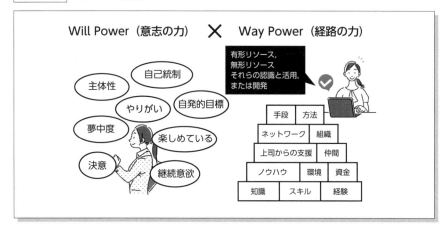

　ただし，経路の力を直接測定することは困難です。目標達成への経路をいかに多く，多様にイメージできるかが重要ですが，イメージだけでなくその実現可能性（フィージビリティ）も問われます。

　経路の力を担保する，すなわちイメージした経路を実行するための資源（リソース）が必要不可欠なのです。たとえば，職場やマネジャーからのソーシャル・サポートも，あなた自身が持つ知識やスキルといった人的資本も，必要な資金という経済的リソースも，描いた経路を実行するためのリソースといえます。

　経路の力は，多様な経路をイメージできる想像力だけでなく，その実現可能性を支えるリソースの多さにも影響されることに留意してください。様々な研修による知識やスキルの蓄積，マネジャーやリーダーによる支援だけでなく，前章で述べたエフィカシーも影響します。

　心理的資本の4要素は相互に影響することはすでに述べましたが，エフィカシーの高さはホープの経路の力にも作用します。エフィカシーの高さがイメージした経路の実現可能性を刺激することで，目標達成への行動につながると考えられます。

　もし，あなたが他者のホープを高めようとする立場であれば，意志の力を高めることだけでなく，経路の力を担保する様々なリソースの分析や向上に

も焦点を当てることが必要です。エフィカシーなどの心理的資本の他の要素もそのリソースの１つであることも併せて留意してください。

 「意志」の明確化

「あなたのWill（志・目的）は何ですか？」と問われて，明確に示すことができる人ばかりではありません。Willと問われると，壮大な志でなければならないと誤解をしている人もいるでしょう。

図４－７（「意志」の明確化）に示すように，意志はあるものの，その目的地が遠すぎて見えていなかったり，何かに邪魔をされて見えていなかったりするかもしれません。少し視点を変えるだけで見えるのに，今は見えていないだけのこともあるでしょう。

いずれにしろ，意志の力の「意志」という目的や志は明確化することが必要です。あなた自身，意志が明確ではないと感じるのであれば，他者のサポートを受けて明確化することも選択肢の１つです。

あなた自身が他者の意志の明確化にかかわることになれば，「意志」に大小や貴賤は無いという前提に立ち，他者の意志を見える化する手助けをする

図４－７　「意志」の明確化

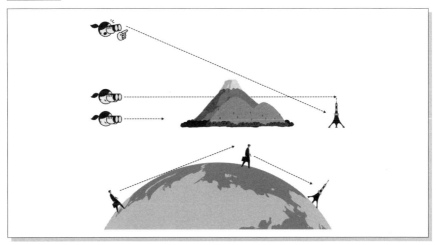

ことです。

　小さくても近くても良いので，身近なやりたいことや，誰かに貢献できることを見つけ，その小さな目標に向けた行動の後押しをするサポートが有効です。

　あるいは，小さな行動をした結果，どう感じたかふりかえりを促し，自身の想いに気づかせるような支援も有効です。行動することで初めて，本当に目指したい目的地＝志が見えてくることもあるからです。矛盾するようですが，意志を明確化するために，まずは経路の力を発揮して，様々な経路を試してみることも大切なのです。

　目指したい目的地としての意志が見えてないわけではなく，漠然とすでに存在している場合もあります。その場合も，まずはその漠然とした領域で行動を起こしていくことです。行動の結果として得られる経験により知識やネットワークなどのリソースが蓄積されます。こうしたリソースが，さらに経路を具体的にかつ多様にするだけでなく，経路の実現可能性を高めるのです。

　経験が積み重なることで，視座が高まり，見えてくる領域や範囲も広くなります。そこでようやく目的地の解像度が高まり，自身の意志が明確になるのです。また視座が高まることで，別の領域の新たな意志に気づくこともあるかもしれません。漠然とした方向性や軸がある場合は，まずはその領域の行動を試してみることが大切です。

◯ 目的地と目標

　目標の有無は，成功のための必須条件といえます。目的地となる目標を定めることで，相対的に現在地もより鮮明になります。目的地と現在地のギャップを埋め，目的地点に到達するために何をすれば良いかを探索することができるようになるのです。

　目的地がいかに魅力的でどうしてもそこにたどり着きたいという思いが意志の力を生み出します。現在地と目的地とのギャップを認識し，双方にどのくらいの距離があり，どのような乗り物（手段）で目的地にたどり着こうかと考えることにより，経路の力が生み出されるのです。

図4-8　目的地の明確化

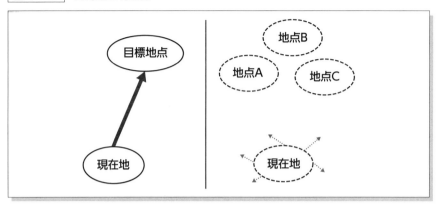

　一方で，図4-8（目的地の明確化）の右側に示しているように，目的地点を定められず，見失っている場合や複数の目的地が頭に浮かび，思い悩んでいる場合には，目的地と現在地のギャップを把握できないため，目的地に行きたいという思いもそこへの到達手段の探索も低調になります。つまり，それがホープの低下している状態です。

　職場を考えてみると，日常的に目標によるマネジメントが実施されていると思います。そこでも，先ほど説明したように，目的地となる目標を具体化し，現状とのギャップを認識することが重要です。そのギャップを埋めるための具体的な手法をイメージすることで，ホープが高まるといえます。

　したがって，効果的な目標設定は，

- 目標が自分事として腹落ちしている（納得しコミットした時）
- 目標達成までの道のりが自己制御されている（セルフコントロール）
- 自己決定・自己選択した目標を立てている
- 自分が組織に参加できていると感じる目標を設定できている
- 割り当てられた目標だとしても理由が論理的に説明されている

といったことを意識するようにしてください。心理学ではどのような目標がモチベーションを刺激するかについて目標設定理論によって明らかにされ

ています。上記の５つのポイントは目標設定理論にのっとっており，モチベーションを刺激する要素を含んでいるのです。

　とくに目標を他者から割り当てられるのではなく，自ら設定することが重要です。心理学では自己決定とか，自律性と呼んでいますが，自己決定が人のモチベーションの刺激には必要不可欠なのです。

　もちろん，組織全体の戦略と各メンバーの目標は連携していることが求められるため，自己決定だけでは目標設定が行えないこともあります。このような場合には，メンバーになぜその目的地を目指すのかをしっかりと説明することが必要です。

　その目標が職場や組織全体にどのようなポジティブな成果をもたらし，貢献するのかを説明することで自己決定や自律性が十分でない目標にもやる気がもたらされるのです。人は本能的に他者に貢献したいという欲求，関係性を持っている存在だからです。

　もし，あなたが他者のホープを促したい場合には，目標を見失っているメンバーに対して，まずは目的地を定めるようなサポートを行いましょう。行きたくない地点を目的地にされている場合には，その目的地の魅力を一緒に考えてみましょう。なぜ，そこに行こうとするのか，すなわちどのような貢献が生まれるのかを説明すると共に，その目標地点に向かうための一里塚（中間地点）までとりあえず歩を進めるために，自己制御・自己選択できるようなサポートを行いましょう。

◎ ストレッチ目標の難しさ

　ストレッチ目標という言葉は多くの方が一度は耳にしたことがあると思います。現状の能力やスキルから判断するとやや困難な目標や挑戦的な要素を含む目標のことを意味しています。

　確実に達成できる目標はストレッチ目標とは呼ばないのですが，では，どの程度の難しさがストレッチといえるのかという塩梅は難しく，頭を悩ませるものです。

　ストレッチ目標を考える際，身体の柔軟ストレッチにたとえると分かりやすくなります。心地よく伸びていることを感じる「イタ気持ちイイ」状態が

良いストレッチとされます。刺激がまったくない身体の動きは身体が伸びず刺激があまりないため，ストレッチ効果が期待できません。　一方で無理をし，伸ばし過ぎると，筋肉や骨にダメージを与えることもあります。

　同じように，ストレッチ目標を考える際には，挑戦的な要素がまったくない伸びしろのないレベルではなく，少し背伸びをする必要があるレベルに設定することです。かといって，背伸びをしても届かない目標は過大なストレスや無力感をもたらすため望ましくありません。

　適切なストレッチ目標を立てる際には，その目標が具体的であるほど，達成イメージを想定できます。そして測定が可能であることが大切です（図4－9　ストレッチ目標）。測定できないものは，出来栄えを知ることができないため，ストレッチできたかどうかを判断することが難しくなります。

　定量化・数値化できるならば測定が容易で，出来栄えが分かりやすいのですが，そうではない場合にも達成水準を予め設定することで，どこまでストレッチできたか，どの程度成長できたのかを測定することが可能になります。たとえ，定性的な達成基準であっても，出来栄えを見える化するには有効です。

　ストレッチするためには，目標は挑戦的であることが必要ですが，同時にそれは達成可能であるということが重要です。伸びきった筋肉や筋は傷つきやすくなるのと同じで，ストレッチし過ぎの挑戦過多の目標設定とならないように配慮すべきです。

　以上を踏まえると，ストレッチ目標を立てる際には以下の2つのポイントに留意して行うことが重要です。あなた自身がストレッチ目標を立てる際，またはあなたが他者の目標設定を支援する立場である際にも参考にしてください。

①　挑戦的・達成可能な基準（目標達成の難易度）は人により異なること
②　初めから最適なストレッチ目標を立てられるわけではないこと

　図4－9にも示すように，ストレッチ目標を設定する際には，具体的，測定可能，挑戦的という要素を考慮し，実践を通じたふりかえりや見直しを継

図4-9 ストレッチ目標

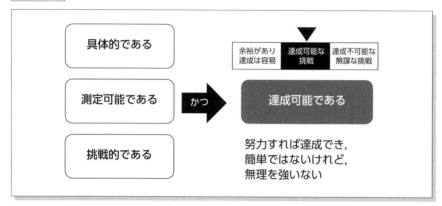

続的に行います。

　たとえば、「達成が楽勝だった」場合は難易度を上げ、「達成が困難だった」場合は難易度を下げます。目標を達成した時に「前進した（成長した・ゴールに近づいた）ことによる達成感があった」場合は、うまくストレッチ目標を設定できているといえるでしょう。目標設定に関するこうしたふりかえりを行うことで、ストレッチ目標の効果がより高まりますし、ホープの意志の力を促進することにつながっていきます。

◯ ステップ法とホープ

　はるか遠くにある大きな目標、それは志や野望のような意志と呼んでもかまわないものかもしれません。こうした大きな目標を目指す時に不可欠な経路の描き方の1つは「ステップ法」（図4-10　ステップ法）と呼ばれています。

　ステップ法では、意図的にマイルストーンとして具体的な途中経過となる小さな目標を設定していきます。どこまで目標のサイズを小さくするかを考える際のポイントは、そのマイルストーンが身近なものであり、行動する自信やできそうだという見込みが持てるレベルまで要素分解をすることです。

　たとえ現在地からはるか遠くに離れた目的地であったとしても、そこに到達するための道や経由地はあり、小さく手ごろな経由地を設定することで、

図4-10　ステップ法

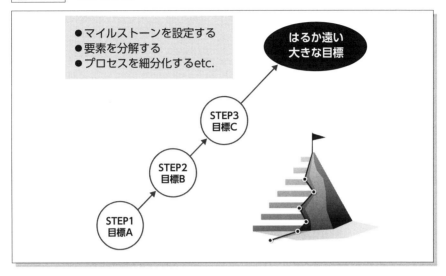

最終目的地までの経路が明確化されるはずです。

　経由地をマイルストーンと呼んでいますが，マイルストーンとなる小さな目標（ステップ目標）達成を繰り返すことで，徐々に大きな目標（あるいは目的）の達成に近づいていることを実感し，都度都度の達成感を得ることが大切です。大きな目標達成の後にしか達成感を得られないようであれば，誰しも大きな目標への継続的な努力やモチベーションを維持することは困難です。

　それだけではなく，1つのステップ目標を達成することで，次のステップ目標が良く見通せるようになり，そこに至る経路のイメージが膨らんでいきます。複数の選択肢が見えてくることで，経路の力が蓄えられるといえます。

　このようにステップ法での小さな目標達成やその後のステップ目標の明確化とそこに至る経路を描くことで，意志の力と経路の力が刺激され，さらなる推進力としてのホープが強化されるのです。

　身の回りで，達成イメージが湧かないような遠すぎる目標や漠然とした大きな目標をかかげているメンバーがいれば，ステップ法を使って支援することが有効です。また，目標のサイズ感にかかわらず本人に達成の自信がない

場合にも，同様にステップ法が有効なサポートとなるでしょう。

　具体的には，「その目標を達成するためには，どんな条件がありますか？何を得られれば近づきますか？　どのようなアクションが必要ですか？」といった大きな目標をブレークダウンし，ブレークダウンされた目標達成に自信が持てるような本人のリソースの再認識を促す問いかけをすることも良いでしょう。こうした問いかけの中から，ひとりひとりの経験値や状況を把握することで，一歩目のステップ目標を具体化する支援が可能になるのです。

ポジティブな目標とネガティブな目標

　目標にはポジティブな目標とネガティブな目標があります。図4－11（接近目標と回避目標）に示すように，心理学では，前者を「接近目標」と，後者を「回避目標」と呼んで区別しています。ステップ法は有効なのですが，ステップ目標の内容によってはずいぶんと効果が異なってきます。目標の言語化にあたり，ポジティブな方向で接近目標を立てるのか，ネガティブな方向に回避目標を立てるのかによって，達成感やその成果は異なるものです。

　具体的にいくつかの目標設定をポジティブな方向での言語化，ネガティブな方向での言語化という2つの相対する方向で記述してみましょう。

①　健康上の目標の場合

　回避目標の具体例：ジャンクフードを食べない／炭水化物を食べない／運動を忘れない

　接近目標の具体例：健康的な食事をする／腹八分目までは食べよう／柔軟体操をする

②　業務改善の目標の場合

　回避目標の具体例：作業でミスをしない／商談後のお礼を忘れない／報告漏れをしない

　接近目標の具体例：指さし確認をする／お客様にお礼連絡をできるだけ早くしよう／関係者にきちんと報告しよう

図４－11　接近目標と回避目標

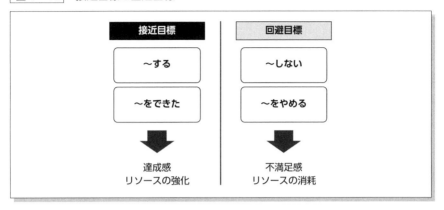

　上記の具体例のように，回避目標の共通点は，「○○しない」という否定形の語尾で終わる記述となっています。○○しないという目標は，たとえその行為ができた（○○しなかった）としても，何かを達成したという実感が得られにくいため，欲求不満に陥りやすくなります。自分に制約を設け自己規制することになり，時間の経過とともに心理的リソースを徐々に消耗してしまいます。

　一方で接近目標の共通点は「△△しよう」といった肯定形の語尾で終わっていることです。△△しようという目標は，その行為が達成できた場合に「できた」という達成感や自分で自分をコントロールできているという感覚（自己統制感）が得られます。

　加えて，目標へ近づいたという前進できた感覚や以前の自分よりも成長したという感覚を得ることができます。この前進している感覚や成長している感覚がホープの意志の力をさらに刺激していくと考えられます。

　したがって，ホープの開発を行うためには接近目標を立てることが有効といえます。あなた自身が目標を立てる場合には，立てた目標や行動計画を確認し，接近目標になっているかを自己点検するだけでもホープの向上にポジティブに作用します。

　もし，あなたが他者の目標設定をサポートする立場であれば，他者の目標が接近目標になるように意識することが求められます。必要に応じて接近目

標への変更を提案する介入も必要となるでしょう。

　毎日の習慣・タスクのような日常的な行動の中に，接近目標を取り入れることで，自然と小さな達成を積み重ねることもできます。接近目標が大事だとわかっていても，いきなり接近目標を設定しろといわれると身構えるかもしれません。

　毎日の習慣などの日々の行動の中で，接近目標を意識するだけでも，回避目標のネガティブ・ループから脱出し，ポジティブ・ループへジャンプするきっかけがつかめるものです。接近目標の持つポジティブ・ループが回り始めるとホープが向上していくことにもなるのです。

 ## メンタル・トレーニングと経路の力

　メンタル・トレーニングとは，目標を達成するためのステップを予めリハーサルすることです。ホープを高めるために行うメンタル・トレーニングとは，図4−12（メンタル・トレーニング）で示すように，単に想定している方法を頭の中で確認することではなく，目標に向けて行動をする中で起こるであろうチャンスや障害を具体的に想定しながら，必要に応じて代替経路を予め描くことで，将来への準備を行うことです。

　目標を意識して行動するだけの場合よりも，具体的に「いつ・どこで・どうするか」や「いつ，どのような障害が発生するか」ということを問いながら，実際に考えられる経路を書き出すなどの方法をとることで，目標達成の可能性が高くなることが研究で示されています。

　他者のイメージ・トレーニングをサポートするのであれば，目標達成に向けてどのような経路を思い描いているかを書き出してもらったり，対話を通じてイメージを具体化していく問いを投げかけるといった方法が有効です。たとえば，「どのような障害が想定されますか？」「○○になったら，どうしますか？」

　「考えられる別の手段はありますか？」などの問いに答えることがホープの経路の力を高めることになるのです。

　メンタル・トレーニングを通じて，複数の経路を描く（または障害が起

図4-12　メンタル・トレーニング

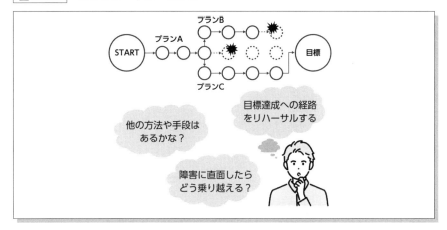

こった時に別の経路を探索するスキルを鍛える）ことは，心理的資本の別の要素であるレジリエンス（乗り越える力）の強化にもつながります。

　複数の経路を描けず，道が1つしかないと考えることは，うまくいかなかった時に自信を喪失し，どうせ自分には無理だと感じてしまう状態に陥りやすいのです。こうした状態を心理学では学習性無力感と呼んでいます。学習性無力感に陥らないためにも，ホープの経路の力が必要です。視野を広げ，他の経路をイメージできることが，障害や失敗からの脱却の第一歩になるからです。他の経路に一歩を踏み出し，失敗などから脱却することでレジリエンスも高められます。

　後ほど詳しく説明しますが，レジリエンスは本人の持つ資産（アセット）によって発揮される性質を持ちます。ホープの経路の力，代替経路をイメージする能力はレジリエンスの資産として重要なものなのです。

　プランAだけではなく，プランB，プランCを想定するようなメンタル・トレーニングを行うことは，ホープを強化するだけでなく，レジリエンスの強化にもつながっていくことに留意してください。

儀式（ルーティン）の活用とホープ

　どれだけ強い意志があり，様々な経路を描ける人であっても，時間・健康・感情・社会的支援などのリソースには限りがあるものです。意志を強く持つために考えすぎてしまったり，こだわりすぎてしまったりすることもあるでしょう。また，様々な手段を考え，実際に行動するたびに多くのエネルギーを消耗すれば，いずれはそのエネルギーが不足してしまうこともあります。

　目標が何らかの形で達成できれば，エネルギーの補充が期待できるのですが，必ずしもそうならないこともあります。人は元来ヒーローになりたくてもなり切れない，「性弱説」という前提に立って考えることも必要です。

　目標に向けて進む中で，様々な障害に塞がれ落ち込んだり，疲れてしまったりして当然なのです。進むべき経路が見えなくなり，道をそれそうになったり，意志の力の限界から目標への熱意や情熱が冷めてしまい，目標達成を諦めてしまったりします。

　こうした誰もが陥る限界や障害を前提にすれば，あえて考えすぎず行動を起こせるような「決まり事」を習慣化することもホープを回復したり維持したりするためには有効です。決まり事を「儀式」または「ルーティン」と呼びますが，習慣化によって一定の行動を自動操縦化することを目指します。

　つまり時間とやることを決めてルーティンをつくるということです。図4－13（儀式（ルーティン））に示すように，儀式をトリガーとして，目標に向けた軌道に戻り，あらためて行動への熱意を取り戻すための助けとするのです。

　儀式の具体例としては，

- 毎日決まった時間に〇〇をする
- 毎週×曜日は△△をする

というようなものです。

　決めたことだしやろうかと重い腰をあげたら，意外とスムースに事態が進展してしまった経験はないでしょうか。あまり考えずに自動的に一定の行動を起こすことで，気持ちを高めたり，行動を起こすためにスイッチをONに

図４－13　儀式（ルーティン）

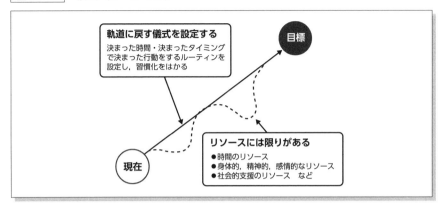

するようなイメージを持つことです。

　気持ちが昂るような音楽を聴くといった刺激を与える儀式でも良いですし，心を落ち着かせるような音楽を聴いて，リラックスするという儀式でも良いですし，あなた自身のちょっとした行動を儀式として設定することが重要です。

　もし，あなたがリソース不足のためホープが低下してしまっている他者のサポートをする場合には，相手の儀式を設定する提案や手助けをすることが有効です。あなた自身の行っている儀式を具体例として紹介することもお勧めします。サポートする立場のあなたも儀式を見直すきっかけになり，あらためて儀式の有用さを再認識することもできるでしょう。

 ## 参加とホープ

　組織における目標設定は，往々にして，マネジャーから目標を与えられることがあります。そうした目標はやらされ感の強いもので，なかなか目標達成への熱意，すなわち意志の力を刺激しないものです。またやらされ感の強い目標達成への経路もあまり思いつかないことになります。

　そこで，組織マネジメントの場面では，いかにして組織からの目標を自分事としてとらえてもらうかという観点が重要です。このための方法に「イン

| 図4-14 | インボルブメントとその効果 |

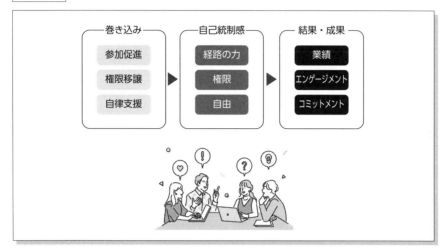

ボルブメント」（**図4-14 インボルブメントとその効果**）があります。個人に対して意思決定やコミュニケーションの参加機会を設けること，つまり巻き込むことをインボルブメントと呼んでいます。インボルブメントによって，目標に対するコミットメントや熱意・活力の向上というワーク・エンゲージメントといった心理的変化が期待されます。

　インボルブメントによって，意思決定に参加したメンバーの裁量の範囲が広がることは自律性を刺激し，参加によって組織内の協働関係が活発になることが予想されます。自律性によるモチベーションの向上や協働関係によるソーシャル・サポートの強化は，目標達成に必要なリソースを増加させます。

　このことは目標達成への熱意（意志の力）を高めることや描く経路の選択肢を増やすこと（経路の力）につながります。

　組織に個人を巻き込んでいくためには，組織の存在意義や目的・使命をきちんと伝えることも大切です。近年，組織の存在意義としてパーパスという用語が注目を集めていますが，組織のパーパスをメンバーに伝えることで，組織の目標と個人の価値観とのマッチングが促されるのです。

　組織のパーパスや短期的な目標と個人の意志や目的とのつながりを認識するためには，とくにマネジャーはメンバーとの誠実な対話が必要不可欠です。

　オーセンティック・リーダーシップという用語がありますが，不都合な事実であっても情報共有を進める誠実なリーダーの行動は組織のパーパスと個人の価値観との一致を促進するとされます。

　組織のパーパスとメンバーの価値観が一致すればするほど，ひとりひとりのメンバーにとって，組織の目標達成と個人の目標達成のつながりが強くなります。組織のためではなく，自らのためという側面が強化されることで，さらなるインボルブメントが強化されるのです。

　組織で働いていれば，自分自身の裁量権を十分に発揮して目標を決めることができなかったり，自律的な意思決定をする機会に恵まれていなかったりすることもあるでしょう。

　そんな時こそ，まずは本章の中で解説してきたホープを開発する目標設定方法を参考に，目標の設定・選択をより自律的に行うことを目指してください。結果として，目標の「やらされ感」から脱却化し，「自分事化」を目指すことがポイントです。自分事化された目標は，それだけで意志の力や経路の力を刺激し，あなた自身のホープを高めてくれるはずです。

第**5**章
Optimism（オプティミズム）：
「柔軟な楽観力」の開発

 オプティミズムとは

　心理的資本におけるオプティミズムは現実的で柔軟な楽観力と定義されます。エフィカシーなどの心理的資本の他の要素と同じように，性格や気質でもなく，虚ろいやすい表面的なものでもなく，トレーニングすることで身につけることができる思考パターンや思考スキルだと考えることが大切です。

　「楽観」という日本語の響きの持つ，将来に良いことを期待したり，単に「気分が良いから」とか「夢見心地で」というような受け身的な意味ではないことに注意してください。また，「なんとかなる」「なにか良いことが起こるだろう」と根拠もないのに，将来を肯定的に見てしまうような過度な楽観主義とは区別して考えることも必要です。

　厳密にいえば，オプティミズムとは，好ましい出来事を内的・普遍的・広汎的な原因ゆえだと解釈し，ネガティブな出来事については，外的・一時的・状況特有の要因のせいだと解釈する説明スタイルを意味しています。

　やや極論すれば，うまくいった場合には積極的に自分自身の努力のたまものだと解釈し，逆に失敗した時には環境や周りのせいだと解釈する手前味噌な心理的メカニズムともいえます。

　オプティミズムを具体的にイメージしてもらうために，中規模電子製造工場の生産管理者であったＡさんを例にして考えてみましょう。この工場は月間生産目標をわずかに達成できなかったとします。一般には生産目標を達成できなかったことは，否定的に評価され，Ａさんも上司である本社の生産担当役員から叱責されることになります。この状況は本書でいうオプティミズムの発揮されない状況といえます。

　一方で，もしＡさんが①今月の目標を達成できなかったのは彼女の工場だけではなかった，②に彼女の工場が目標を達成しなかったことは非常に稀なことである，③彼女の工場は，生産量を除けば，品質や安全基準などの他の

業績指標をクリアしている，というポジティブなフィードバックを本社の生産担当役員から受け取ったとしたらどうでしょうか。

　Aさんはもっと楽観的な説明スタイルを採用できたはずです。生産目標は達成できなかったものの，その原因は必ずしもAさんの工場にあるわけでないという事実に気づき，目標未達という過去に対して寛大な気持ちを持つことができます。

　また，生産目標は未達に終わったものの，従業員の安全や生産物の品質という他の指標は満足できるものであり，従業員の努力に感謝することもできます。さらに，生産目標未達に終わったことが恒常的な事態ではなく，稀な出来事であったと考えれば，なぜそうなったのかを探求する意欲も生まれます。

　このようにネガティブな事態には寛大な気持ちを持ち，現在の状況を感謝することによる，将来の生産目標達成のような改善や成長への意欲を生み出すことがオプティミズムの発揮となります。

　残念なことに，彼女の上司にあたる本社の生産担当役員は，このようなポジティブな情報を共有することによって，Aさんが今後より一層努力して生産目標を達成することに動機付けられるとは考えなかったのです。

　このように説明すると自己中心的で手前味噌な性格だと思えるかもしれませんが，たとえば，スタートアップ企業の連続して困難が続くような状況，戦争などによって基本的安全すら危ぶまれる中でのビジネスの遂行といった環境では，楽観性を持つことが，起業家のエンジンとして有益なのです。ネガティブな出来事に対して環境のせいにしてしまうこと（外的帰属）で将来へのポジティブな展望が開けるといえます。

　もちろん，「成功はすべて自分の手柄」「失敗はすべて他責」「すべてを支配しコントロールできる」というような傲慢な説明スタイルをとることは望ましくないことはいうまでもありません。

　真逆の対比をされる悲観主義的な思考の場合はどうでしょうか。悲観主義の場合，自分ではコントロールできない領域に対しても自分の責任と考えてしまい，無力感に苛まれます。努力しても無駄であり結果は変わらないととらえてしまいます。心理学でいうところの学習性無力感を感じてしまい，挑

戦する前から諦めてしまう状態に陥ってしまいます。くよくよと失敗を引きずってしまい，結果として意欲や活力も低下してしまいます。

図5-1（現実的で柔軟な楽観力）で示すようにオプティミズムの高い人は，自分にコントロールできないことは，現実的に受け入れます。現実的にできないことを受け入れる点が，オプティミズムの現実的な特徴です。そして，ネガティブな点に集中せず，将来に備えることに目を向けながら状況に対応していくことが，オプティミズムの柔軟な特徴です。

できなかったことやネガティブな環境にこだわらず，将来に向けて努力を続けていくことがオプティミズムといえます。したがって，オプティミズムの発揮には，起こってしまったネガティブな出来事に対して寛大な気持ちを持つことや現在の状況で自分にとって望ましい要素を認識する冷静な観察が必要不可欠です。

過去の失敗にとらわれ，現実のポジティブな側面を見落としてしまえば，そこから将来への前向きのエネルギーは生まれないのです。一見してネガティブな状況の中に，一筋の光明を見出すためには，過去の出来事からいい

図5-1 現実的で柔軟な楽観力

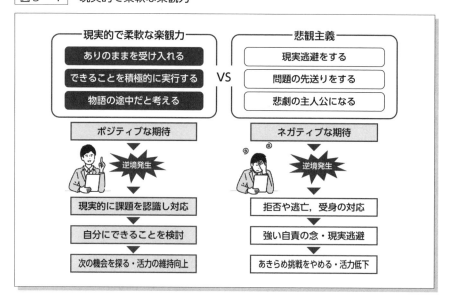

意味で決別するための寛大さと現実への感謝を持つことが重要です。そこから，自分の未来は，自分の行動によってより良くできると思え，前向きに努力することが動機付けられるのです。

オプティミズムの開発

　オプティミズムの高い人の特徴についてもう少し深掘りをしてみます。オプティミズムの高い人は，好ましい出来事であってもそうではなくても，過去の出来事について客観的に現実を受け止めることができます。また，自分の現在の状況の中で，ポジティブな側面を見つけることがうまく，そのポジティブな面をありがたく思い，感謝を表現することが得意です。

　過去の出来事を冷静にとらえつつ，現在の良い側面をうまくとらえることで，将来の成長や変化につながるようなチャンスを見つけ出します。そのチャンスを活用し，もし必要であれば足りないスキルや能力を開発することで，将来に対する見込みをより良くしていく好循環を回していけるのです。

　たとえ，状況が悪い時であっても，状況を丁寧に観察し，間違いから学び，変えられないものを認め受け入れることで，将来に向けて積極的に前に進むことができるようになります。この点は後ほど詳細に説明する心理的資本のレジリエンスにもかかわってきます。

　さて，心理的資本は開発可能であることを最初に繰り返し述べました。オプティミズムもその例外ではありません。過去への寛大，現在への感謝，そして将来への機会探索といった思考スタイルは持って生まれた才能ではなく，開発することで高めることができるのです。

　ではオプティミズムはどのように開発するのか。先ほど触れたオプティミズムの高い人のような特徴的な思考ができるように，どのようにトレーニングを行えばよいかについて以下で説明していきます。

　そのポイントは図5－2（オプティミズムの開発）にありますように，
① 　過去への寛大
② 　現在への感謝
③ 　将来への機会探索

図5－2　オプティミズムの開発

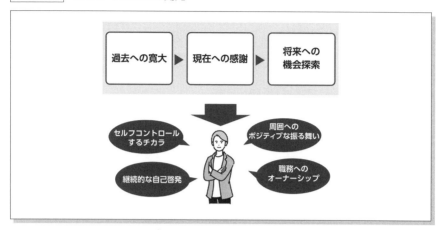

といえます。

　これらの3つの過去・現在・未来についてのとらえ方を思考習慣として身につけられるように思考トレーニングを行うことが重要です。もし，あなたが他者のオプティミズムを高めたいという立場なら，3つのポイントを意識してサポートすることが求められます。

　たとえば，自身をセルフコントロールする力は過去への寛大さや現在への感謝という思考スタイルを生み出すことに有益です。周囲へのポジティブな振る舞いは，他者の過去への寛大や現在への感謝を刺激するだけでなく，巡り巡って自身の状況を肯定的にとらえる手助けとなるでしょう。仕事内容へのオーナーシップ（自分事化）や継続的な自己啓発は，現状の変革やさらなる成長につながる将来への機会探索という思考スタイルを生み出すリソースを構築してくれるでしょう。

◉ 過去への寛大

　オプティミズムの開発には，まず「過去への寛大」を意識することが大切です。意外にも思えるかもしれませんが，オプティミズムへの第一歩はすでに起こってしまった出来事や状況に対する認識を見直すことなのです。

　つまり，過去の出来事や経験を現実としてできるだけ客観的にとらえ直し，

意味付けを行います。過去をとらえ直し，意味付けを行う際には肯定的に行うことです。できなかった点に意識の焦点を当てることはかえって過去を否定的にとらえることにつながります。できなかったことではなく，できている部分や側面を積極的に見つけるような認知が求められます。こうした認知のことを心理学では，ポジティブなリフレーミング（物事を肯定的な見方でとらえ直すこと）と呼んでいます。

　したがって，過去への寛大を実現しようとすれば，ポジティブ・リフレーミングという技法を身につけることが必要になるのです。具体的には，過去の出来事が良い結果であった場合も，悪い結果であった場合も，以下のような手順に沿って内省を進めてみましょう。うまくいった出来事であっても，うまくいかなかった出来事であっても内省する際のポイントは共通しています。

　まず，過去の出来事に対して，その原因を探索し，

　①　自分がコントロールできたと思うこと
　②　自分ではコントロールができない外部の要因だと思うこと

に区分してリストアップしてみましょう。

　このリストの中から，次に活かせることがあったか，学びにつながったことがあるかの検討をさらに進めます。その際に，ポジティブ・リフレーミングを意識し，自分がコントロールできなかったことはむしろ諦める，こだわらない姿勢を持つことが重要です。

　オプティミズムの定義でも触れたように，自分の外部にある要因，たとえば景気や気候変動といった環境要因に関しては外部要因のせいだと割り切ってしまうことが将来への探索，成長，活力につながっていくのです。

　コントロールできない外部要因にこだわり，それを何とか克服しようとすることはかえってネガティブなループに陥らせ，オプティミズムを低下させるのです。

　逆に自分がコントロールできたことで成功した場合には素直に自分の努力や成果を肯定的にとらえてください。自分で自分を褒めることは，エフィカシーの言語的説得にもつながりますし，ホープの意志の力を高めることにもつながっていきます。

図5-3 過去への寛大

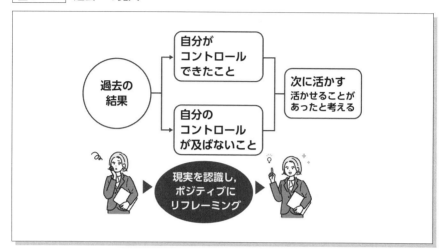

　自分がコントロールできることで失敗した場合には，内省の過程でその修正方法を考えることです。修正方法を考える際には，ホープの経路の力を応用することも有効でしょう。別のやり方があったかもしれないし，別のやり方を次は試してみようと，将来の行動につながる効果も期待できます。

　とくに過去の出来事や結果が望ましいものでなかった場合には，**図5-3**（過去への寛大）に示すように自分でコントロールできる要因とコントルールできない要因に分類し，内省することで，諦めるべき要素と修正し将来につなげるべき要素が明確になります。後者が見つかることで，過去の出来事をより肯定的に考えられるようになれば，ポジティブ・リフレーミングの技法がうまく使えているといえます。ポジティブ・リフレーミングがうまく使えれば，過去の経験から得られるものも多くなり，経験値を高めることにもつながり，さらなるエフィカシー向上も期待できます。

　あなたの周囲に悲観的なメンバーがいれば，「コントロールできたこととそうではないことに分別する」「次に活かせる知識や経験があったか検討する」ことを意識して，メンバーの内省を促すサポートが可能です。過去への寛大さを持てるようにポジティブ・リフレーミングを伝えることで，ネガティブ・ループに陥っているメンバーをポジティブな思考に引き戻すきっか

けとなる支援が可能となります。

◉ 現在への感謝

　オプティミズムの開発の 2 つ目は「現在への感謝」という思考習慣を身につけることです。これまでも触れた通り，人は悪いところや不足しているところに焦点を当ててしまいがちです。ネガティブな思考に陥りやすいのが人の本能でもあります。

　課題や改善点を見つける，気づくということ自体は必ずしも悪いことではありません。改善点を見つけることで，将来への変化や成長のきっかけが見つかることもあるでしょう。しかし，ここでは心理的資本のオプティミズム＝現実的で柔軟な楽観力を身につけることに焦点を当てていきます。

　「あれもない，これもない」「だからうまくいかないんだ」と否定的に考えていても，物事は好転しません。現状をいくら嘆いていても現状を変えることができないことは明らかです。そうであれば，「課題や問題点ばかりだ」ととらえずに，「課題が見つかって良かった」ととらえてみてはどうでしょうか。

　現状は変化しないとしても，現状をポジティブにとらえ直すこと，ポジティブ・リフレーミングすることで，少しでも前向きな次の行動につなげられないでしょうか。

　自分が置かれている現状に感謝をするということは，物事の良い側面を見ることや，うまくいっていることを見つけ出すことができるということです。また現状の中から，修正すべき側面と肯定的にとらえられる側面を区別して認識できるということです。図 5 − 4（現在への感謝）に示すように，悪い点と良い点を分類できれば，悪い点にフォーカスを当てるよりも良い点にフォーカスを当てることが大切です。良い点にフォーカスを当てることで，現状に対して感謝すべきポイントが明確になるからです。

　こうした「現在への感謝」を，日々の思考習慣として実践することで，儀式とすることもできます。儀式の有用さは第 4 章でも説明しましたが，現在への感謝というポジティブなリフレーミングを習慣化することにも応用できます。

図5－4　現在への感謝

　最初は難しいと感じるかもしれませんが，意図的に感謝できることをアウトプットする機会をつくることです。たとえば1日の終わりにふりかえり「感謝したいことを3つ書き出す」というようなルーティンを定めて，しばらく継続してみることも1つの方法です。

　書き出すことで，現状の良い点を見つけようと意識付けが促進されるだけでなく，3つという多過ぎず少なすぎない数も，ポジティブ・リフレーミングを続けられそうだというエフィカシーを刺激するでしょう。

　継続的に書き出しを続けることで，自然とオプティミズムの現在への感謝という思考パターンが身につくと期待されます。あなたが他者のオプティミズムを開発しようとする立場であれば，こうしたルーティンを活用する手法を提案することは有益な助言となるでしょう。

◉ 将来への機会探索

　ここまで過去への寛大と現在への感謝について説明してきました。その中で，過去と現在に対する認知を変えることの有用性を繰り返し説明しました。過去を客観的に見つめ，何が自分にとってコントロールできる要因であるかを認識することや現状の中でできている部分，いい側面を見つけることは，結果的に将来への取り組み姿勢に変化を生じさせます。

図5-5　将来への機会探索行動

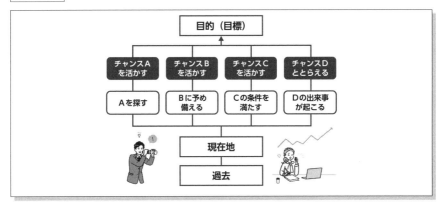

　コントロールできる要因を明確化し，現状のうまくいっている側面を把握することで，将来への新たな意欲が生まれるのです。別の言い方をすれば，たとえうまくいかなかった出来事であっても過去への寛大と現在への感謝を認知することで，心理的リソースを維持する，保持することができるため，将来の挑戦へのエネルギーが生まれるというわけです。

　また，たとえうまくいっていない現状であっても，その状態が長期間続くものではなく，一時的にスタックしているのだと認知する柔軟なとらえ方が将来への機会を見つけるきっかけにもなります。

　こうした過去，現在，将来に対する認知の変化がオプティミズムの開発の3つ目である「将来への機会探索」を意味しています。具体的に将来への機会探索につながる行動をあげれば，以下のようなものとなります（図5-5　将来への機会探索行動）。

① 挑戦するために機会を探す
② 来るべき機会のために予め準備をする
③ チャンスを得るために必要な条件を整える努力をする
④ 起こった出来事をチャンスととらえる

　このように将来を見据えながら進むことで，積極的にチャンスをうかがい，

そのチャンスを積極的に活用していきます。チャンスを活用することで，物事は自分の行動次第で良い方向に進むという考え方が強化されていきます。これはエフィカシーの向上にもつながります。「将来への機会探索」は，こうした思考習慣を持つことなのです。

　したがって，「チャンスにつながる情報を探す」「チャンスをつかむために○○をする」というようなアクションの習慣化を心がけることが有益です。もし，あなたが他者の機会探索を促す立場であれば，一緒にチャンスを探索し，チャンスの活用を促すことが望ましいでしょう。

　その際に，過去と現在からつながる将来の目標や目的を意識することも忘れないでください。目指している目的地を明確にすることで，過去や現在と将来への機会探索との関連付けが行いやすくなります。

　目的地を定めることはホープにおける意志の力を高めることにもつながり，機会を探り，それを活用する道筋を思い描く力はホープの経路の力にもなります。オプティミズムを高めることは，ホープを刺激することにもなるのです。

　もし，組織のリーダーが悲観主義ではなく「柔軟な楽観力」というオプティミズムに満ち溢れていたとしたらどうでしょうか。そのリーダーは，たとえ一時的にうまくいかないことがあったとしても，コントロールできることを見つけ，現状の良い点を認識することで，将来のチャンスを鋭くかぎ分けるでしょう。そうしたリーダーの下では，メンバーもあきらめに支配される悲観主義のループに陥ることなく，将来への機会探索を積極的に行うと考えられます。

 ## 悲観主義ループからの脱出

　オプティミズムの開発の第一歩は「過去への寛大」「現在への感謝」で示したように，現実的に自分を受け入れることから始まります。うまくいったことに対しては自分の頑張りをしっかり認め，その状態が今後も継続すると認識したり，うまくいかなかった出来事に対して，環境など外部要因に原因を求めたりすることは，一見すると自分勝手な解釈と思われるかもしれませ

ん。

　とくにうまくいかなかった場合にすべて自分の責任だと強く反省すること
は，我が国の職場では日常的に見られます。自責の念が強すぎるあまり萎縮
してしまい，新たな行動がとれないこともあるでしょう。ところが，心理的
資本のオプティミズムの定義やその開発手法を学んでいくとこうした悲観主
義のループだけでは，人のイキイキさや将来に向かう挑戦や成長が生み出さ
れないことは明らかです。

　成功した場合には適切に自分自身の努力を認めることに加え，失敗した時
にはその原因をコントロール不可能な外部要因とコントロール可能な内部要
因とに切り分けて認識することが重要です。外部要因は自分ではどうしよう
もないと割り切って，そこに焦点を当てるのではなく，何とかできる修正点
を見つけることが将来への機会探索につながるのです。

　ただし，もしその人が何らかの理由で孤立をしてしまっているならば，悲
観主義の悪い循環から抜け出すことは容易ではありません。自分自身の置か
れた環境を自分だけで客観的に分析し，悲観主義のループに陥らないように
するのは難しいものです。そんな時こそ，周囲の人からのソーシャル・サ
ポートが必要です。

　たとえば，周りの人が孤立し，失敗の責任にさいなまれているような場合
には，孤立しないよう，かかわりを持つ機会をつくることが必要となります。
悲観主義の悪循環を断ち切るためには，周囲からその人に対する肯定的なポ
ジティブ・フィードバックを行うことが効果的です。こうしたポジティブ・
フィードバックが過去への寛大さや現在への感謝を促すことにつながるから
です。

　ポジティブ・フィードバックを有効なものにするためには，その人の存在
をしっかり認め，コミュニケーションを行う機会を持つことが重要です。図
5－6（悲観主義のループを断ち切る支援）にあるような，良いチームワー
クや良い仲間，信頼できる友人，メンターとなる存在，ロールモデルの存在
などは，良好なコミュニケーションを生み，ポジティブ・フィードバックが
機能するために不可欠です。

　もし，仲の良い同僚，友人などが悲観主義のループに陥っているようなら，

図5-6　悲観主義のループを断ち切る支援

「うまくいっていることはあなた自身のおかげ」「うまくいっていないことは
あなたのせいではない」ということをさりげなく伝えるだけでもオプティミ
ズム開発の最初のステップを踏み出せるはずです。

　自責の念に駆られた悲観主義のループから抜け出すきっかけさえつかめれ
ば，過去への寛大さを持ち，冷静な判断ができるようになります。現在への
感謝を持つことで，自分にできることを集中してやり切ろうという行動意欲
が生まれ，前向きに未来を見ながらチャンスをうかがうこと（将来への機会
探索）ができるようになるのです。

第6章
Resilience（レジリエンス）：
「乗り越える力」の開発

 ## レジリエンスとは

　心理的資本におけるResilience（レジリエンス）をわれわれは「乗り越える力」と呼んでいます。レジリエンスについては昨今耳にする機会が増えたように思います。1つのきっかけは2011年東日本大震災を含む自然災害から力強く復興を遂げた人たちの存在だと思われます。

　心理的資本のレジリエンスがその回復過程で力強く機能しているといえますが，もともとレジリエンスは物理の世界で用いられ，たとえば金属疲労といった場面で使用される用語でした。その後，教育や臨床心理の分野で活発に議論され，心理的なレジリエンスとして一般的になってきたのです。

　レジリエンスの焦点は障害や失敗などのネガティブな出来事によって打ちのめされた個人が立ち直るという側面をとらえてきました。まさに自然災害から復興する人たちの持つ心理的強さを表しています。一方で，心理的資本のレジリエンスは立ち直るという原状への回復を超えて，さらなる成長をイメージしている概念です。たとえトラウマになるような深刻な経験をしたとしても，レジリエンスの高い個人は，そこから立ち直るだけでなく，トラウマをきっかけにさらなる能力開発を遂げていくと考えられています。

　さて，みなさんが思い浮かべる「リスク」とはどのようなものでしょうか。

　何らかの逆境に立たされている場合や，対立や紛争が起こることや，何かを失敗してしまうようなネガティブな状況を思い浮かべることが一般的ではないでしょうか。こうしたネガティブな状況によって打ちのめされる場面でこそ，レジリエンスが求められるという理解は確かにあり得ますし，こうした場面が多いことも事実だと思います。

　加えて，レジリエンスはネガティブな出来事だけでなく，ポジティブな出来事によるストレスも包含する概念であることに留意してください。たとえば物事が大きく進展した時や，自ら新しいことに挑戦すること，組織内で責

任あるポジションに昇進・昇格したり，プロジェクトの重要な役割に抜擢されたりした時のような一般的にはポジティブだと考えられる状況も一種のリスクだととらえます。いずれの方向のリスクも良くも悪くもストレスがかかる状態になります。

　このようにネガティブな出来事だけではなく，客観的に見ればポジティブな出来事からのプレッシャーを乗り越え，見事に重責を果たすまでに成長する過程でレジリエンスが作用しているのです。

　さらにレジリエンスは「折れない心」といった用語で説明されることもありますが，心理的資本のレジリエンスは，たとえ折れてしまっても，その折れた心を糧に成長を遂げる個人をイメージしています。折れないことよりも，折れても回復する，成長するイメージを持つことがレジリエンスの特徴なのです。

　レジリエンスを高めるには，大きく３つのアプローチがあるとされています（図６−１　レジリエンスとは）。第１に立ち直る力を生み出す力（資産）を高める，第２にストレスを生み出すリスクをコントロールする，第３に資産やリスクを適切に運用する心構え（価値観）を持つことです。そして相互作用のあるこれら３つの要因（資産要因・リスク要因・価値要因）をマネジメントすることで，リスクを乗り越えることを目指します。

図６−１　レジリエンスとは

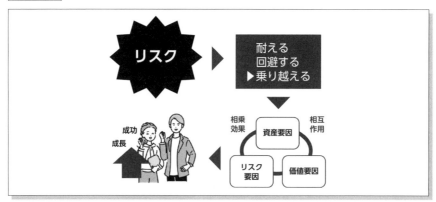

　資産を高めるためには，教育訓練，オープンなコミュニケーションや職場での信頼構築，良いメンターや誠実な上司を持つこと，強みを強化するジョブ・ローテーション，そしてワーク・ライフ・バランスへの取り組みなどが有効だとされています。

　リスク管理には，コーチやメンターの存在，ポジティブなフィードバック，起業家精神に基づく合理的な挑戦などが有益です。加えて自らの持つ資産や自らを取り巻くリスクの存在を認識する適切な価値観が必要です。

　それらを育成する第一歩は，何を目指すべきかという内省に基づくホープの意志力と様々な障害を乗り越えるための将来への機会探索といった楽観力（オプティミズム）の発揮でもあるのです。

　障害を乗り越える過程を通じて，資産が強化され，価値観の助けを借りながら，最終的にレジリエンスが高まるのです。決して「修羅場」を与えれば，そこから這い上がり，結果的にレジリエンスが高まるといった単純なものではないのです。

 ## 資産焦点戦略

　レジリエンスを開発する1つ目のアプローチとして「資産焦点戦略」があります。ここでいう「資産」とは図6−2（資産とその内容）に示すような自身の強み＝リソースを意味しています。自分の持っている資産を自分自身の強みとして認識し，その強化を図ることが資産焦点戦略なのです。

　具体的に資産とは，その人自身の持っている知識・能力・スキルといった人的資本，人間関係やネットワークである社会関係資本，エフィカシー，ホープ・オプティミズムといった心理的資本の他の要素のすべてが当てはまります。高校や大学といった教育機関における学習の成果として知識を得ること，就職して身につける実践的な知識やスキルなどの人的資本は資産として認識しやすいものです。どんな専門を学習したのか，どのような研修を受けたのかによって獲得できた知識が比較的容易に評価できるからです。

　同様に，あなた自身の人間関係を例にすれば，どんな人を知っているか，親しい友人，親友と呼べる友人は何人くらい思い浮かべることができるか，

図6-2　資産とその内容

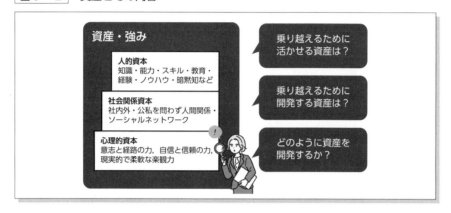

　困ったときに親身になって相談にのってくれる年配の方はいるのかといった観点で資産の多さを容易に知ることができるはずです。さらに，エフィカシーなどの心理的資本をどの程度持っているかはこれまでの本書の記述を踏まえて，おおよそイメージすることができるかもしれません。こうして，あなた自身の持つ資産を一度棚卸してみることは，資産戦略によるレジリエンスの開発には必要不可欠であり，その第一歩でもあるのです。まずはリスク（逆境や挑戦）を乗り越えるために活かせる資産をどれほど持っているかを認識することが重要です。

　次に，障害や過大なストレスなどを乗り越えるために不足している資産はどのようなものなのかを検討します。最後に，不足している資産の中でどの資産を向上させる＝開発することが乗り越えるために有益なのかを検討し，必要かつ不足している資産をどのように開発するのか具体策を検討しましょう。

　もし，足りない資産が人的資本であれば，教育訓練・研修・学習により身につけることができます。あなたが社会人であれば，リスキリングによって新たに必要になった専門知識を身につけることが有益です。スキルや実践的な能力が足りないのであれば，実践的なトレーニングにより高められるでしょう。ノウハウやその組織における暗黙知はジョブ・ローテーションによる配置転換やメンターによる支援など，様々な方法によって高めることが可

能です。

　社会関係資本が不足している場合には，オープンなコミュニケーション機会をつくること，自分らしくいられるような信頼に基づく人間関係づくり，承認やフィードバック，チームワークはもちろんのこと，柔軟な働き方も寄与することでしょう。

　心理的資本が不足している場合には，エフィカシーなどこれまで本書で記述してきた様々なアプローチや手法を取り入れていくことになります。心理的資本の開発プロセスを通じて，あなた自身だけでなく，周囲のメンバーの心理的資本へもポジティブな影響が考えられます。その結果，周りのメンバーの資産が強化され，彼らのレジリエンスも高まることが期待されるのです。

　資産が不足している状態は決してネガティブなことばかりではなく，逆境や挑戦を乗り越えるための準備段階ととらえることです。その人の強みを見つけると同時に，何が足りないかを冷静に分析し，必要に応じて強化・開発することが重要です。

リスク焦点戦略

　レジリエンスを開発する 2 つ目のアプローチは「リスク焦点戦略」（図 6－3　リスク焦点戦略）です。リスク焦点戦略とは，一言でいってしまえば，リスクをどのように認知するか，リスクのとらえ方といえるでしょう。

　一般に「リスク」という言葉から自分にとっては危険なもの，何か悪いことが起こることなどをイメージされると思います。レジリエンスで必要なリスク焦点戦略では，こうしたイメージのリスクだけにとどまりません。

　たとえば，予想していない突然の昇進や抜擢人事，これまで経験したことのないような意欲的な挑戦は一見するとポジティブなことです。しかし，その人が強いプレッシャーやストレスを感じているのなら，それらはリスクととらえることもできるのです。一見するとチャンスととらえられそうな出来事にもリスクの目があることに留意すべきだといえます。

　一方で，逆境，対立，失敗といったものは一見するとネガティブなことで

図6-3 リスク焦点戦略

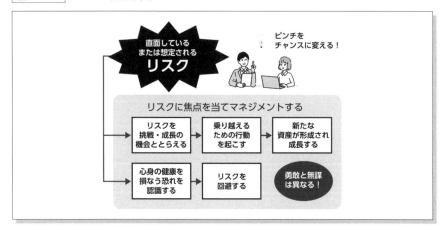

すが，こうした状況を将来に向けて必要な糧であると考えることができれば
ポジティブなものにもなります。

一見するとネガティブな出来事に対して，否定的な側面だけにとらわれて
しまうと潜在的な将来の機会を見逃してしまいがちです。「ピンチをチャン
スに変える」という言葉がありますが，レジリエンスのリスク焦点戦略の
エッセンスを表現しているとも考えられます。

気を付けてほしい点として，直面している（または想定される）リスクが，
その人自身の心や身体の健康を損なう恐れがあるようならば，冷静にリスク
を回避するという判断も大切です。

第5章でもコントロールできない要因に対して過去への寛大さを持つこと
の重要性を指摘しました。レジリエンスの開発にあたっても，いかなるリス
クも乗り越えるべきだと画一的にとらえることこそが危険です。

現時点であなたの持っている資産と直面しているリスクを勘案しながら，
乗り越えなくてよいリスクもあるのだということを心の片隅に置いておくこ
とが肝要です。「勇敢と無謀は異なる」のです。

リスクをポジティブにとらえて成長の糧として挑戦し，それを乗り越える
ことができるかどうか，また必要ならば回避するという選択もとれるかどう
か，こうした判断や認知を適切に行うことが，リスク焦点戦略なのです。

　あなたが他者のリスクに遭遇し，そのサポートをするのであれば，他者の
リスク焦点戦略がうまく機能するように助言やフォローを行うことが重要に
なります。ただ頑張れという応援だけではなかなか他者のレジリエンスは高
まらないのです。

 ## プロセス焦点戦略

　レジリエンスを開発するアプローチ法の3つ目は「プロセス焦点戦略」で
す。ここまでで述べてきた2つの戦略（資産焦点戦略とリスク焦点戦略）を
活用することで，あなた自身の持つ強み（資産）を適切に把握し，障害など
の原因がどのようなリスクとなっているのか，乗り越えるためには何が不足
しているのかが特定できるでしょう。

　しかし，それら資産やリスクを具体的に特定できたとしても，どの強み
（資産）を用いるのか，どのリスクに対処すべきなのかを選択できなければ，
単に現状の追認にとどまります。結果的に障害を乗り越えて，元の状態を上
回るレベルに成長することもかなわないでしょう。

　つまり，資産を持っていても，うまく活用しなければ「宝の持ち腐れ」に
なってしまうものです。効果的に機能させるためにも，リスクを克服するた
めの資産の活用に一貫した筋道が必要です。どのように資産を活用し，リス
クのどの側面に対処するために資産をどのように高めるかを判断するあなた
自身の価値観やポリシーのようなものが求められるのです。

　宝の持ち腐れにならないように，かつリスクを克服するために強化すべき
資産を認識し，成長させるプロセスの背後には一貫した価値観があるといえ
ます。価値観に基づき，障害を乗り越えるプロセスこそが，レジリエンスを
強化する第3のアプローチといえるでしょう。

　困難を乗り越えるために，あなた自身の持つ強みを適切に評価し，必要に
応じ不足した資産を開発し，積極的に活用を推進するマネジメントを行うこ
とがプロセス焦点戦略（**図6－4　プロセス焦点戦略**）です。

　プロセス焦点戦略の基盤となる価値観は，何を目指すべきかというひとり
ひとりの内省とセルフ・コントロールによって構築されるものです。何を目

図6－4　プロセス焦点戦略

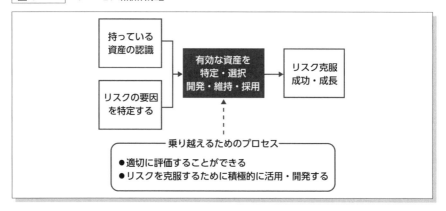

指すべきかという観点は，ホープに強く影響を受けるとされます。レジリエンスとホープは互いの影響を与え合う関係にありますが，とくにプロセス焦点戦略はホープの意志の力からの影響を強く受けるのです。

　また，プロセス焦点戦略を活用する中で，すでに持っている眠れる才能を開花させることもあるでしょう。潜在能力の発揮を促すことで大きな成長を経験することは，新たな領域における自信がつく，すなわちエフィカシーの向上につながります。

　レジリエンスの開発によって，エフィカシーやホープといった心理的資本の他の要素にも影響がおよび，かつそれらの影響をレジリエンスは受けるのです。

　したがって，リスクを克服する過程そのものが重要であり，結果に過度の焦点を当てず，プロセスをしっかりコントロールすることが成長・克服につながると考えてください。

　あなたが他者の障害の克服をサポートする立場であれば，他者の価値観をまずは確認し，それを踏まえて強みや強化すべき側面を内省できるように促すことが有効だといえます。

　繰り返しますが，くれぐれも「修羅場」を与えればよいという単純なアプローチでレジリエンスが強化されると安易に考えることのないようにしてください。

レジリエンスの戦略とさらなる成長

　レジリエンスは何らかの障害や失敗を乗り越えることで高まる場合が多いことは事実です。日常的に障害や失敗に見舞われることは必ずしも一般的ではないでしょうし，そうした生活はストレスが多くなり，ウェルビーイングが高いとはいえないでしょう。一方で，まったく障害や失敗がないような日常生活は果たして幸せなのでしょうか。

　障害や失敗がまったくない日常生活を過ごすことは，リスクをとって挑戦することがない日常ともいえないでしょうか。たとえば十分過ぎる資産（金銭的な財産も含め）があり，リスクとなる要因がそもそも少ない状態ならどうでしょうか。また，ほどほどの資産があり，リスクは今持っている資産をやりくりすれば乗り越えられるレベルである場合はどうでしょうか。

　こうした資産とリスクのバランスがとれている状態では，現状への満足から新たな挑戦をしようとする意欲は高まらないかもしれません。人によっては漠然とした「このままで良いのかな」というモヤモヤとした気持ちを持つかもしれません。キャリアの「踊り場」のことをキャリア・プラトーと呼び，心理学的にはキャリアのピークにきていて，それ以上成長するイメージが持てない状態かもしれません。あるいは，現状に一定の満足はしているけれど，失う不安もあるという状態かもしれません。

　「現状維持は衰退の始まり」という表現が様々な場面で用いられます。資産とリスクがバランスをとれているという現状に満足するということは，新たなリスクを生み出すような挑戦をしないことでもあります。

　挑戦をしないため，新たな資産を構築する機会がなく，結果的にレジリエンスの向上も期待できない状態となります。たとえば，すごろく遊びやロール・プレイングゲームにたとえるなら「ゴール（あがり）」してしまうと，その瞬間はとても達成感と満足感を得られますが，次の瞬間からその楽しさの大半が失われてしまう経験はないでしょうか。

　新たな挑戦を通して成長を目指す行動に取り組むことが，心理的資本を高めることにもつながり，結果として，キャリア・プラトーを超えて，イキイキとしたキャリアを歩むことにつながります。

　現状維持で何も問題がないと感じている人には，小さな目標（Will）でも良いので，まずは新たな目的地を見つけることをお勧めします（図6－5 現状満足と成長）。そのためには，あらためて本書第4章のホープの章をふりかえることも有益です。

　また，一定の満足をしているが失う不安やさらなる成長へのあきらめがある場合には，小さな行動でも良いので達成体験を獲得することが推奨されます。小さな達成体験は「リスクテイクして挑戦しても良い」と思えるような自信を生み出します。本書第3章のエフィカシーの章をふりかえり，エフィカシーを高める様々な手法を実践することで，間接的にレジリエンスが高まるでしょう。

　本書ではこれまでも繰り返し説明してきましたが，心理的資本の各要素はそれぞれ相互に関係しており，1つの要素を高めることは他の要素へもポジティブな影響を与えるのです。レジリエンスを高めることはエフィカシーやホープにもプラスの影響を与えることはもちろんのこと，エフィカシーなどの要素が高まることは間接的にレジリエンスを成長させることを忘れないでください。

図6－5　現状満足と成長

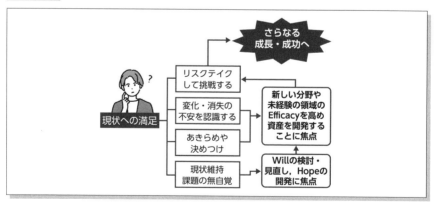

第*7*章
心理的資本の右側：
心理的資本のもたらす成果

　ここまでの解説で心理的資本とはどのような概念なのか，そしてエフィカシーをはじめとする4つの基本要素をどのように開発するかについておおよそのイメージが持てたのではないでしょうか。以下では，改めて心理的資本の有用性，とくに企業という組織の場面を想定しながら解説していきます。

 ## 心理的資本の右側

　表7−1（心理的資本の有用性とそのメカニズム）は，心理的資本に関するこれまでの学術研究から明らかになった心理的資本のもたらす成果を一覧にまとめたものです。心理的資本を原因と考え，その結果を表7−1に記載した様々な変数ととらえると，結果変数は原因となる心理的資本の右側に配置されることになります。そこで，ある原因変数に対して結果変数を右辺または右側と呼ぶことがあるのです。

　ここでは，心理的資本の右側に配置される心理的資本のもたらす成果を具体的に見ていきましょう。心理的資本はその提唱者であるルーサンス教授を中心に欧米では様々な場面でその有用性が検証されてきました。

○ 従業員のパフォーマンス

　仕事上の成果（パフォーマンス）はもちろんのこと，仕事の満足感ややりがいといった心理的変数を促進することも明らかになっています。エフィカシーが高いことで自己決定に基づく挑戦的な行動が促され，創造的な成果が生まれます。高いホープによる目標達成への熱意やそのプロセスの幅の広さが困難と思える成果目標の達成につながります。こういったメカニズムによって，成果が向上すると考えられています。オプティミズムの高い従業員はたとえば短期的に仕事がうまくできなかったとしても，過度に悲観的にならず，自身のコントロールが及ぶ要因に焦点を当てて，内省を行います。そ

表7－1 心理的資本の有用性とそのメカニズム

結果	メカニズム
パフォーマンス	エフィカシー：行為主体性，自己決定，目標選択，粘り強さ ホープ：目標設定，臨機応変な計画 オプティミズム：肯定的評価，楽観的な説明スタイル レジリエンス：元の状態に戻る，あるいは元の状態以上になる
満足度	肯定的評価
組織コミットメント	欲求充足
ハピネス/ ウェルビーイング	肯定的評価，重要な生活領域の満足感， 記憶保持 ネガティブなプロセスやネガティビティに対するバイアスの 　軽減 資源保存理論：拡張－形成理論 多様性 目標追求と発達
健康	行為主体性 行為主体性，可変性，社会性 脳機能
人間関係	社会的リソース，情動伝播 行為主体性，可変性，社会性
やりがい/自己開発	主体的職務行動
組織市民行動	拡張－形成理論
非生産的職務行動	レジリエンスとコーピング
シニシズム	ポジティブ感情，ネガティブ感情，行為主体性
ストレス/不安	魅了－選抜－淘汰（ASA）理論 肯定的評価，コーピング，認知資源
離職意思/転職意思	ポジティブな期待，レジリエンスを持った適応，立ち直り

出所：ルーサンスら（2020）

こから将来の機会，チャンスを見つけ，次の課題達成に向けて努力を傾けることができるため，長い目で見れば成果が高まると考えられます。

　レジリエンスの高い従業員は，失敗や挫折から力強く立ち直る力を持っているため，ハードルの高い目標達成を期待できるでしょう。また，失敗や挫折から立ち直る過程で，自身の持つ強みとなる資産を棚卸し，強化すべき資

産や対処すべきリスクを適切に認知することで，さらなるレジリエンスの構築が促進されます。

　心理的資本の4つの要素がそれぞれのメカニズムを通じて，仕事上のパフォーマンスを高めるのです。

◯ 従業員の定着（リテンション）

　近年，我が国の職場でも人手不足感が高まっていますが，従業員やメンバーの組織への定着にも心理的資本は有益だとされます。具体的には，離職意思やストレスを抑制することがこれまでの研究で繰り返し指摘されています。

　たとえば，オプティミズムの高い従業員は，一時的な失敗や障害という過去の出来事に対して過度に悲観的にならないと考えられます。過去の出来事に対して寛大さを持つことができ，同時に現在の組織にいることで得られているポジティブな側面を適切に評価し，感謝することができます。

　過去への寛大さと現在への感謝の気持ちを持つことは，いやな出来事のあった組織からの離職意思を抑制し，同じ組織での将来の機会探索する気持ちを高めることが想定されるのです。結果的に，離職や転職活動を抑制し，組織への定着をもたらすといえます。

　人手不足の中で，新卒の採用や中途採用を積極的に行うことは非常に困難ですし，そのコストも増加しています。今，組織にいる人材をできるだけ定着させ，彼らのパフォーマンスを最大化することが求められている現在，心理的資本を活用することの有用性はかつてなく高まっていると考えられます。

　さらに今後は財務情報だけでなく，人的資本に関する情報開示が広く求められるようになることは確実です。心理的資本を高めることで組織への定着を促すことは人事戦略上の要請だけではなく，財務戦略とも連動し，投資家との対話（IR）の観点からも重視される時代が来ているのです。

◯ 従業員のウェルビーイング

　近年健康経営が注目を集めるようになっています。肉体的な健康を含むウェルビーイングに対しても，心理的資本がポジティブな効果をもたらすこ

とも明らかになっています。

　肉体的な健康という観点では，たとえば成人病の予防やその治療の過程で日常的に運動を取り入れるという目標を立て，その実行を促す要因として心理的資本が応用可能です。

　目標を立てる際には主体的に具体的な目標を立てたり，接近目標やステップ目標を立てたりすることで行動を促すことが第3章で指摘されています。具体的かつ手に届きやすい目標を達成することでエフィカシーを高め，それがさらに高い目標への熱意を高めることは，ホープの開発にもつながっていきます。

　1日20分散歩をしよう，1日3,000歩は歩こうといった具体的で達成しやすい目標を立てる一方で，スマートウォッチなどのウェアラブル機器を使って成果を見える化することでエフィカシーを刺激することができます。エフィカシーが高まれば，運動という行動変容を習慣化することも容易になります。

　1人だけで行動変容を促すことが難しい場合には，同じ目標を持つメンバーとチームで取り組むことも有益です。SNSなどのソーシャル・ネットワーキング・サービスのツールを使えば，目標を共有することが容易ですし，あるメンバーの行動変容が他のメンバーのモデリングを促すことも期待されます。こうした行動変容が1人のメンバーから他のメンバーに伝播することで，チームのエフィカシーやホープが高まり，さらなる行動変容につながることが期待できるのです。

　精神的な健康にも心理的資本は，ポジティブな影響を与えるでしょう。心理的資本の高いことが，精神的な健康にポジティブな影響を与えることは心理的資本の定義や成り立ちから容易に想像がつきます。

　もともとエフィカシーやホープといった心理概念は，ポジティブ心理学上の概念です。自信のある状態や目標に熱意を感じる状態は，精神的に健康だといえます。自信があり，熱意もある人は，現状を肯定的にとらえ，満足感や充実感を感じるでしょう。また，目標に向かって挑戦することで，知識やスキルを高め，成長の実感を得ることにもなります。

　一方で，過去の出来事を悲観的にとらえ，将来への見込みが持てない状態

や失敗に打ちひしがれ立ち直れない状態は，精神的に健康だとはいえません。過去の失敗を引きずっていては将来への展望が開けないでしょうし，現状に対しても否定的な気持ちになるでしょう。

　以上のように，心理的資本は肉体的な健康及び精神的な健康のいずれにもポジティブな影響を与えるのです。

◯ その他の望ましい成果

　営業成績や創造性といった仕事上のパフォーマンス以外にも，心理的資本が好ましい影響を与える成果がいくつかあります。たとえば，組織とメンバーとのかかわりを意味する組織コミットメントにも影響を与えます。組織コミットメントには，組織に対して損得勘定からかかわりを持ち続けたいという功利的コミットメントと組織に対して愛着を感じるので組織とかかわりたいという情緒的コミットメントがあります。

　心理的資本が高いことは，とくに情緒的コミットメントを高めるとされています。心理的資本が高いことは組織の中で活躍する自信が高い状態であったり，組織と個人の目標のすり合わせがうまくでき，目標への熱意や積極性が高い状態といえます。こうした状態のメンバーは組織に対して肯定的な印象を持ちやすいでしょうし，組織の中で自分への役割も明確に認識できるでしょう。そのことが組織に対する愛着を高めるのです。

　また，心理的資本は組織への定着意思を高めることを指摘しましたが，組織への定着が促されることでメンバーが組織とかかわりを持つ時間はそれだけ長くなります。我が国では長期安定雇用がまだまだ一般的ですが，こうした時間の経過は組織とのしがらみを増やすことにもなり，組織を離れると失うものが増えることになります。結果的に心理的資本が高いことが功利的コミットメントも高めると予想されます。

　心理面以外にも行動面にも好ましい影響を与えることが知られています。公式には報酬を与えられることはないが，自発的に組織に望ましい行動をとることを組織市民行動と呼びます。心理的資本は組織市民行動にもポジティブな影響を与えることが知られています。

　心理的資本の４つの要素のうち，レジリエンスを例にあげれば，レジリエ

ンスの高いメンバーは資産として信頼できる上司や同僚からのソーシャル・サポートをより多く受けることができます。ソーシャル・サポートを受けたメンバーは，同僚が困った状況では，そのお礼として積極的に同僚を手助けしようと行動するはずです。

　また，資産として信頼できる上司や同僚との関係が良好であれば，職務に関連した様々な情報を非公式にかつ積極的に提供する行動である，組織市民行動の丁重さが高まることが予想されます。

　逆に，心理的資本のレジリエンスの低いメンバー，とくにレジリエンスの資産が少ないメンバーは，上記のような自発的に組織に好ましい行動をとることはなく，むしろ，非生産的職務行動をとる可能性が高まると考えられます。

　心理的資本は直接，仕事に関する業績につながらなくても，好ましい行動を促進し，好ましくない行動を抑制するのです。

心理的資本と文化

　心理的資本は，アメリカの心理学者でもあるルーサンス教授を中心に提唱された考え方です。その背景には，2000年代以降アメリカ心理学会で展開されてきたポジティブ心理学という学術的な流れがあります。

　2000年以前の心理学研究の大部分は人のネガティブな心理を研究対象とし，その回復を目指すという共通点を持っていたとされます。たとえば，過度なストレスに長期的に晒されることで発症するというバーンアウト（燃え尽き症候群）や苛烈な戦闘を経験し，帰国した兵士のトラウマといった精神疾患を治療することが心理学の使命として強調されてきたのです。

　もちろん，現代においてもバーンアウトやトラウマ，我が国では過労死といった様々なネガティブな現象は解消していませんし，それらをいかに克服するか，治療するかという研究や介入は依然として重要です。

　一方で，人がもともと有している心理的にポジティブな側面にも注目し，それらを十全に発揮させることも重要ではないかというアプローチが2000年以降のポジティブ心理学なのです。

　ポジティブ心理学の大きな流れの中で心理的資本という考え方が生まれた

こともあり，心理的資本に関する研究はアメリカを中心に展開されてきました。これまでの先行研究の人部分はアメリカを中心とする欧米諸国でデータが収集され，心理的資本を測定する尺度も正式な日本語版がない状態です。

　このような状況ではある意味自然な結果ですが，心理的資本と様々な成果指標との関係は，アメリカ人で強くなりがちです（Avey, 2011）。アメリカの文化的背景が心理的資本の考え方やその測定尺度に影響していることは否定できないといえます。

　アメリカ以外ではヨーロッパやアジアでも心理的資本に関する研究が増加していますが，我が国ではこれから研究が進んでいくのではないかと思われます。

　その過程では，心理的資本を測定する尺度も，国ごとの文化的背景や価値観を反映し，修正されることが予想されます。アメリカで生まれた心理的資本の尺度をそのまま日本語に翻訳しただけではなく，日本の文化を反映した妥当な尺度に修正することが求められるのです。そうすることで，心理的資本を適切に測定し，心理的資本開発の介入の効果をエビデンスに基づいて比較したり，検討したりすることも可能となります。われわれも日本語版心理的資本尺度の開発に向けて，データを収集し，その妥当性を検証しています。

 ## 我が国における心理的資本の有用性

　我が国においてもようやく心理的資本の有用性を実証する研究が進みつつあります。ここでは，数少ない我が国における心理的資本研究を紹介し，我が国においても，心理的資本が有用な概念であることを確認したいと思います。

　まず，神戸大学の服部泰宏教授の調査を取り上げます（服部, 2021）。彼らの研究は，我が国の企業において，上位1％の成果を上げる，いわゆる「スター社員」を生み出す要因を探索するものです。

　その結果によると，スター社員とそうでない社員を分ける要因として，エフィカシー，ホープ，レジリエンスの3要素が重要な役割を果たすことが指摘されています。つまり，心理的資本が高い従業員ほど，スター社員として

評価され高い成果を生み出す可能性が高いということになります。

また，われわれも兵庫県立大学の高階利徳教授と共同で心理的資本の有用性に関する調査を行っています（高階・開本，2022）。調査の対象者として，看護師や介護士といった医療介護専門職を選び，彼らの心理的資本（レジリエンス，エフィカシー，オプティミズム）と様々な成果指標との関係を分析しました。

その結果，心理的資本の高い医療介護専門職ほど，離職意思が低いことが明らかになりました。加えて，医療看護専門職の心理的資本の高さが，患者などの満足度や創造性をも高めることが明らかにもなりました。

医療や看護の現場では，看護師や介護士の離職率の高さとそれによる人手不足が深刻です。心理的資本を高めることで，離職を低下させることができるという検証結果は，医療や介護のマネジメントに有益な示唆を与えます。

さらに，和歌山大学の厨子直之准教授らの研究（厨子，2019）は，心理的資本をどのように開発できるかを検証しています。この研究では，心理的資本の開発にAI（Appreciative Inquiry：価値を認める問い）という介入プログラムが有効であることが大学生のデータから明らかになっています。

AIという介入プログラムは，近年組織開発(OD：Organization Development)において活発に応用される手法です。組織開発を考える際には，組織の現状を分析し，弱い部分やうまくいっていない仕組みを修正する方向で検討が進むことが一般的です。

AIでは価値を認める問いという言葉が示すように，現状分析から組織の強みやそれを発展させてどのような組織になりたいのかという観点を重視します。ありたい組織をイメージし，そのイメージと現状との比較を通して，組織を強くしていくのです。このアプローチも強みに焦点を当てることから，ポジティブなアプローチを持つといえます。ポジティブな心理変数である心理的資本をポジティブ・アプローチであるAIで開発するという発想はまさに理にかなっているといえるでしょう。

数は多くないものの，以上の研究から我が国においても心理的資本の有用性は明らかだといえます。また，その開発アプローチについても徐々にエビデンスが蓄積されることが期待されます。

第**8**章
心理的資本の左側：
心理的資本を高める要因

　前の章では，心理的資本の有用性，とくに企業という組織の場面を想定しながら解説しました。心理的資本を高めることで，企業にどのような成果がもたらされるのかについて，様々な成果の指標を使って説明してきました。

　心理的資本のもたらす有用性は十分に理解できたと思いますので，次は何が心理的資本を規定しているのか，何がひとりひとりの心理的資本の高さをもたらすのかを説明します。それらを知っておくことは，心理的資本を高めようとするひとりひとりにとっても，他者の心理的資本を高めたいと考える人事担当者やサポートを行う立場の人にとっても有益です。

　心理的資本の4つの要素をどのように高めるかに関する様々な手法について記述しましたが，心理的資本を規定する要因を知ることは，それぞれの手法の適応する際の背景を知るという点で大切なことです。なぜ，その手法が有効なのかを知ることは，手法をより適切に運用するためには必要不可欠だと考えます。

　前章で，心理的資本のもたらす成果を心理的資本の右側と呼びましたが，本章では，心理的資本の左側を見ていくことにしましょう。これまでの心理的資本に関する研究は右側に集中しており，左側の研究は非常に少ないとされています（Avey, 2014）。

　数少ない研究として，アメリカ・セントラルワシントン大学のエイヴィ教授による研究（Avey, 2014）がありますが，以下ではこの研究を中心に解説します。エイヴィ教授による，アメリカ人エンジニア1,264人と中国人エンジニア529人を対象とした調査の結果，心理的資本の先行要因として4カテゴリーがあることが明らかになりました。

　順に，パーソナリティ（個人差）要因，管理・監督（リーダーシップ）要因，職務特性要因，個人属性要因を以下では解説していきます。

パーソナリティ要因

　心理的資本を規定する要因としてもっとも強力だとされる要因はパーソナリティ（個人差）要因だとされます（Avey, 2014）。パーソナリティ要因には数多くの変数がありますが，この研究では，アメリカ人を対象に，自尊感情（自己肯定感）とプロアクティブ・パーソナリティという2つの変数について調査を行っています。

　自尊感情とは，セルフ・エスティームとも呼ばれ，自分自身を価値ある者だと感じる感覚，自分自身を好きだと感じ，自分を大切に思える気持ちを意味しています。たとえば，「全体として自分自身に満足している」といった設問への回答によって測定されます。

　プロアクティブ・パーソナリティとは，環境に積極的に働きかけ変化させようとする性格特性を意味しています。たとえば，「どんな困難があっても，それを実現させる」といった設問で測定されます。

　全体のどのくらいの割合がその要因によって起因しているかを示す指標として，決定係数という統計数値がありますが，パーソナリティ要因は45%と半分近い割合となっていました。つまり，ある人の心理的資本の高さの約半分は，パーソナリティ要因によって決まると考えられます。

　この調査では，自尊感情など少数のパーソナリティ変数のみを取り上げているにもかかわらず，それらで心理的資本の約半分を説明できることは驚くべき結果です。

　パーソナリティ要因のうち，自尊感情がもっとも強く心理的資本のレベルを規定していることも分かりました。次いで，プロアクティブ・パーソナリティが心理的資本に影響を与えていました。

　エイヴィ教授らはアメリカ人だけでなく，中国人エンジニアも対象に同様の調査を行っています。その結果を見ると，同様にパーソナリティ要因がもっとも強く心理的資本を決定していることが再度確認できます。加えて，中国でのデータでは，集団主義という文化的要因が心理的資本にネガティブな影響を及ぼし，集団主義を強く感じているエンジニアは心理的資本が低い傾向が見られました。

　心理的資本とパーソナリティ要因の研究は緒についたばかりです。アメリカ，中国のデータに加え，我が国でも同様な調査が実施され，同様な結果となるかどうかが今後検証されることを期待しています。

リーダーシップ要因

　心理的資本の左側の第2の要因として取り上げるのは，上司による管理監督のあり方です。上司のリーダーシップや部下とのコミュニケーションが部下のエフィカシーを高めるという研究は，ピグマリオン効果に関する研究（Eden and Shani（1982））など数多く見られます。

　ピグマリオン効果とは，期待効果とかローゼンタール効果とも呼ばれていますが，もともとは教師の期待によって，教師の担当するクラスの成績が向上する実験に由来します。たとえば，上司が部下に対して期待することで，部下の業績が実際に高くなる効果をもたらすことです。

　つまり，上司が部下に対してポジティブなフィードバックをすることや部下に信頼をおいた管理監督行動をとることは，部下の「できそうだ」「やれそうだ」という自信を促し，現実に成果も高くなると予想されるのです。

　こうした効果は自己効力感だけでなく，心理的資本の他の要素にも影響を与えると予想されます。したがって，上司のリーダーシップ行動は心理的資本の左側の要因と考えられるのです。

　エイヴィ教授らは，リーダーシップ行動の中から，とくにオーセンティック・リーダーシップ，倫理的リーダーシップそして虐待的マネジメントを取り上げて調査をしています。オーセンティック・リーダーシップとは，たとえば，「自分の信念に基づいて意思決定を行う」といったスタイルをとるリーダーシップを意味します。自らの価値観や信念を大事にし，リーダーシップを発揮するリーダーであり，短期的利益を犠牲にしても組織的公正や消費者などの利害関係者への関心を示す傾向が強いとされています。

　倫理的リーダーシップとは，たとえば，「私の上司は，倫理基準に違反した従業員を懲戒する」といった行動を示すリーダーを意味しており，倫理基準にのっとった管理監督を行うリーダーをイメージしています。

　虐待的マネジメントは，たとえば，「部下を嘲笑する」といった行動を示す，文字通り部下の尊厳を軽視した侮辱的，攻撃的な態度をもって管理監督することを意味します。

　調査の結果，管理監督要因はパーソナリティ要因に次いで強い影響を心理的資本に与えていることが明らかになりました。管理監督要因の中では，オーセンティック・リーダーシップの影響がもっとも強く，次いで倫理的リーダーシップが影響していました。一方，虐待的マネジメントは心理的資本に影響を与えなかったことも明らかになりました。

職務特性要因

　心理的資本の左側の第3の要因として，職務に関する要因を取り上げます。職務に関する要因と一言にいっても，様々な側面があります。これまでの研究で取り上げられた職務特性または職務デザインを例に考えてみましょう。

　Hackman and Oldham（1975）による職務特性理論という有名な理論があります。この理論に基づけば，仕事の特徴（たとえば，自律性のあるものかどうか，フィードバックが得られるかどうか，全体が見通せる仕事なのかどうか）が仕事に対するモチベーションを引き出すとされています。

　たとえば，仕事で非常に困難なタスクを抱え，挫折や失敗をよく経験する人を思い浮かべてみてください。挫折や失敗をよく経験する職務についている人は，なかなか成功体験を持つことが難しいと予想されます。その結果，成功体験によるエフィカシーの開発を期待することは困難でしょう。心理的資本も低下しがちです。

　一方で，たとえば，うまくデザインされたやりがいのある仕事では，成功を収め，障害を克服する経験ができるため，エフィカシーやレジリエンスの開発，すなわち心理的資本のレベルが上昇しやすいと考えられます。

　このように考えると，職務特性によって，心理的資本のレベルが規定されると予想されるのです。エイヴィ教授らの調査によれば，職務特性要因の影響力が確かに存在することが明らかになり，パーソナリティ要因，管理監督要因に次いで強いとされます。

　ハックマン＝オールダムの職務特性理論は，職務デザインの理論として知られていますが，モチベーションだりでなく心理的資本にもポジィアィブな影響を与えることが示されました。ジョブ型雇用という言葉が近年注目を集めていますが，ジョブをどのように割り当てるか，ジョブをどのように設計するかという視点は心理的資本のレベルを左右する重要な側面も持つといえます。

 ## 個人属性要因

　心理的資本の左側の第 4 の要因として個人属性を見ていきます。個人属性とは，年齢，性別，勤続年数などの変数のことです。これらの個人属性変数のうち，心理的資本と統計的に意味のある関係を持つのは年齢だけであったことがエイヴィ教授らの研究で明らかとなっています。

　ただし，年齢の影響は非常にわずかなものであり，中国人のデータによる分析ではそのわずかな影響もなかったことも指摘されています。年齢が高くなるとともに，様々な経験を体験することで，エフィカシーやレジリエンスを開発する機会があるのかもしれませんが，その影響力はパーソナリティやリーダーシップに比べると非常に小さいものです。

　年齢や性別といった個々の属性をもとに心理的資本の高さを判断することがいかに危険な考えであるかが分かります。特定の個人属性を持つことで，生まれながらに心理的資本が高い人がいるといったとらえ方はこれまでの研究では明確に否定されていると考えることが良さそうです。

　ひとりひとりの心理的資本は，生まれ持った才能ではなく，開発可能なものであると本書の冒頭で説明しましたが，個人属性の影響力の小ささからもそのことがよく分かるのです。

第 II 部

実践編

第**9**章
心理的資本の介入

 心理的資本介入とは

　心理的資本に介入するということは，どういうことなのでしょうか。

　心理的資本を高める介入法を私たちはガイディング（Guiding）と呼びます。ガイディングとは，対象者の課題解決を促す問いや，目標達成を目指す行動を促進する支援にあたり，心理的資本の構成要素であるHERO（ホープ，エフィカシー，レジリエンス，オプティミズム）を高める投げかけや，課題整理法を用いたコミュニケーション手法です。これまで第Ⅰ部で触れられてきたように，数多くの調査・研究のおかげもあり，心理的資本を高める手法が実証的かつ具体的になり，この手法はここに効くということが，フォーマット化されてきています。その公式を理解し，使い方を覚えれば個人の力量によらず，汎用的になりえると考えられます。

　心理的資本は開発できるものであり，HEROの要素を活かし解決策を思い描くことができれば，あなた自身のとても心強い武器となるでしょう。職場で起こる様々な人に関する課題と向き合う時の一助になるに違いありません。

　一方で，実際の企業内の職場におけるマネジメントやコミュニケーション，キャリア相談やメンタリングの場，研修・トレーニング等での継続的な心理的資本の介入による効果検証の例は，本書執筆時点では多くはありません。なぜなら，心理的資本への介入とその効果検証には，一定期間を要するものであり，その変化を測定し続ける必要があります。加えて，実際の職場での人間関係や仕事内容，個人のライフ・キャリアの状況なども関連し，非常に生々しく複雑な変数が数多く存在するのです。

　しかしながら，筆者が創業メンバーとして経営に参加している株式会社Be&Doでは，心理的資本について早期から注目し，心理的資本診断®を開発し，データを取得しながら自社の人材マネジメントはもちろん，サービスの提供を通じて顧客企業の従業員の心理的資本に継続的に介入を行ってきまし

た。その結果，会社組織・職場における個人の心理的資本の介入方法の実
証・検証を現場レベルで行うことができました。

　そこから分かったことは，フォーマット化された心理的資本への介入方法
は間違いなく有効であるということです。人が相手である限り，様々な状況
の違いもあれば，本人の持つ特性やタイプの違い，そもそも介入する時点で
の心理的資本の状態にも差があるものなので，必ず１つの方法が正解である
ということはありません。ただ，継続的なふりかえりと，対話を通じた
フィードバック，立て直しを行い，次の行動に移していくというマネジメン
トサイクルを行いながら「継続的に」かかわる伴走をすることで，心理的資
本は向上することが明らかになっています。

 ## 心理的資本介入における見立て

　心理的資本の介入をする際には，予め心理的資本診断による診断結果，ま
たは観察による見立てにもとづいて，仮説を立てることから始めます。

　ホープが低下しているようであれば，本人の目的意識や意志力が低下して
いるのかもしれません。または，やりたいことが明確にもかかわらず，行動
が起こせていない場合には，目標設定がうまくできていないかもしれないし，
場合によっては行動を起こすためのきっかけづくりや，継続するためのルー
ティン（儀式）をつくれていないのかもしれない，という具合です。仮説を
立てられたのであれば，目標について対話の場を設けます。今どんなことを
したいと思っているか，どうありたいと思っているのかという問いを立てる
こともあるでしょう。また，目標の具体化をするために一緒に考え，達成可
能なステップに分けてみる提案をするでしょう。

　エフィカシーが低下しているようであれば，まずは小さな自信を取り戻せ
るように，小さな一歩目の行動を後押しする支援を行います。また，できる
限りの承認を伝えるポジティブ・フィードバックを行います。そして，実際
に行動を起こした結果をふりかえることを促し，とらえ方を一緒に考えたり，
必要なら改善のフィードバックも行います。結果をそのままにせず達成体験
に変えられることを意図しながらかかわるのです。

　レジリエンスが必要であろうと考えれば，まずはリスクをとることがその人の成長や成功につながるのかどうか，対話をしながら一緒に考える機会をつくります。そしてリスクをとるならば，そのために活用できそうな強みとなる資産や使えるあらゆる資源について気づけるように問いかけ，必要と判断すれば助言や情報提供を行います。

　オプティミズムに課題がありそうだと考えれば，まずは悲観的になっている原因について問いかけながら，その事柄について，自分がコントロールできたことと，そうではないことを整理する手助けを行います。また，そこから学んだことや，次に活かせることは何か，問いかけていきます。そのような対話を通じて，過剰に自責の念が強くなってしまわないよう，現実的に客観視ができるように導きます。

　1対1の対話のような方法だけではありません。チーム全体の行動変容を促すために，互いの目標を共有し，互いのがんばりを可視化することで，代理体験が生まれやすい環境をつくることもできます。また，がんばりが可視化されることは，承認などのポジティブ・フィードバックをお互いに伝えやすくなります。このようにエフィカシーが高まりやすい仕掛けを行うことも方法の1つです。

　夕礼や週報などの機会を利用しながら，良かったこと，嬉しかったこと，うまくいったこと，感謝したいことといったあえてポジティブなことだけをふりかえるようなルールを設けるといった工夫も可能です。これは物事の良い側面に目を向けられるような思考習慣をメンバーに身につけてもらう工夫でもありますが，お互いを知り，お互いにポジティブなフィードバックを伝えるきっかけとなる情報を共有できる機会にもなります。その結果，オプティミズムやエフィカシーが高まります。

　たとえば組織内のメンバーで，健康増進活動のイベントプロジェクトを一定期間行い，コミュニケーション開発を行うことも効果的です。これは，健康をテーマにすることで，利害関係がない話題でコミュニケーションをする機会が増えることになります。ポジティブなフィードバックをもらえる機会が増えることでしょう。また，心身の健康そのものにもつながる活動です。新たな人間関係が社内に生まれ，ソーシャル・サポートを受けやすい状態に

もつながるでしょう。こうした取り組みがエフィカシー向上はもちろん，個人のネットワーク資産を増やすことでレジリエンス向上につながることもあるでしょう。

　ひとつひとつのガイディングのアクションは，真新しいアイデアということではありません。やりたいことを明確にする，目標の立て方，行動の可視化，感謝や承認を伝えること，強みを自己認識してもらう，結果を肯定的にとらえ直すなどです。本章で例にあげたものは一部に過ぎませんが，ひとつひとつは，様々な人材育成やマネジメント論，自己啓発，キャリア論，コーチング等でも語られてきたものも多いでしょう。心理的資本の介入を行うガイディングは，状態に応じて仮説を立て，その仮説に応じて，どのような問いを立てるのか，どのような助言や仕掛けをすると良いのか，どのように導けば良いのかが体系化されていることで「実践的に使える技術」なのです。

第**10**章
ビジネスパーソンへの
心理的資本介入例

　本章では，企業や組織で実際に起こりうる事例を取り上げながら，心理的資本の4つの基本要素のどこに着目すると良いか，実践の場面での活用イメージを具体化してもらえるよう，いくつかのストーリーをもとに解説します。

　ここで触れる事例は，ノンフィクションの事案を参考にしながらも，一般化したフィクションとなります。また，ガイディング（心理的資本を開発する介入）の方法の一例を紹介していますが，必ずこれが正解ということではありません。個人のパーソナリティ，組織の環境要因，置かれている状況などの様々な背景が複雑に絡み合っているという前提に立ちながら，ひとりひとりと丁寧に向き合う姿勢が求められます。

　以降の事例では，あなたが相談者のマネジメントをする立場である場合や第三者のガイドとしてかかわる場合を想定した事例を取り上げます。

☁ ガイディング・ケース①

◉ ケース①のストーリー：自分には得意分野や強みがないと思っている人

　山内さん（仮名）は，転職をして現在の会社に入社して4年目。ある事業部門の事務として働いています。職場では数多くの業務を任され，同僚たちから頼りにされているようです。ところが，月に1度の上司とのミーティングの機会に，悩みを吐露されました。その悩みは「仕事への不満もなく，この会社で頑張りたいと思っている。けれど，自分には誰かに誇れる強みも得意なこともなくて自信を失っています。自分なりの目標を持ちたいとは思うものの，これといって実現したい夢や自分がやりたいことがあるわけではありません。」というものでした。

◎ ケース①のガイディング例

　あなたが上司の立場なら山内さんに自信を持ってもらえるように，どのようにガイディングをしますか。実際にマネジメントをしている視点から，ガイディング例を紹介します。

　相談内容からエフィカシー（自信と信頼の力）が弱くなっていることが想定されます。また，明確な目標を持てずにいることからホープ（意志と経路の力）の開発も必要になってくるであろうことが考えられます。ただし，エフィカシーが著しく低下している状態で「どうしたいと思っているか」「どうなりたいと思っているか」と問うても，答えることができないことが想像できます。山内さんの場合，まずは現在取り組んでいる職務の領域におけるエフィカシーを高めてもらうことを優先します。確固たる自信が生まれてくる中で，少しずつ具体的な目標を立てて行動できるようにガイディングをしていきます。

　対話の場では，まず前提として，悩みを共有してくれたことに感謝を伝えると共に，会社で頑張りたいと思ってくれていることそのものが，素晴らしいことだと伝えます。そして，普段の様子から職場では「数多くの業務を任され，同僚から頼りにされている」という事実を改めて伝えることです。また，上司である自分自身も山内さんの頑張りに助けられているということを，しっかりと伝えます。

　「誰かに誇れる強みや得意なことがない」という発言の真意を，もう少し詳しく聞いてみると「私だからこその仕事ではなく，誰にでもできる仕事だと感じてしまう」ということでした。誰にでもできる業務をこなしているだけ，と感じてしまっていることから，達成感を得ることが難しくなっており，日々の業務が自信につながっていないことも分かります。また，話を聞く中で山内さん自身のキャリアを考えた時に「本当にこのままで良いのか」という漠然とした不安に陥っていることも分かってきました。

　そこで強み（資産）に焦点を当て，引き続き対話を進めることにします。自分自身の強みを正確に認識できている人は，多くはないでしょう。上司として客観的に山内さんの強みだと感じられる点を率直に伝えながら，対話を進めていきます。たとえば，普段の業務や同僚とのコミュニケーションの様

子から，山内さんは「数多くの業務を任されても嫌な顔ひとつしない」ということや「作業が大変な業務や時間がかかる業務は私にください」と伝えていることなどです。こうした職務姿勢は誰でもポジティブに取り組めるわけではなく，山内さん自身の大きな強みであることを伝えます。また，そうした対話の中で，山内さんは黙々と作業をすることが苦ではなく，作業が完了することで小さな達成感が得られることも分かってきました。

　この時点で山内さんの資産として考えられるのは「周囲から頼りにされるコミュニケーションがとれること」「人が面倒だと思う作業が苦ではないこと」「多くの業務を抱えることがストレスよりも充実感につながること」ではないかという仮説を立てることができました。

　次回のミーティングまでに，これらの資産を活かしながら実行する行動目標を一緒に考えることにします。普段から多岐にわたる業務を遂行している山内さんは，具体的な目標を立てることが難しい状態でしたが，その中でもとくに山内さんが主である業務をいくつかピックアップしました。ポイントは実行できたかどうか，何らかの結果や量が測定できることを意識します。ここで具体的な目標を立てるねらいは，試行錯誤を繰り返し，現在の職務領域での達成体験を積み重ねることを目指すためです。次の対話機会までに何らかの行動を起こしてもらうことで，そのふりかえりを一緒に行います。山内さん自身にとってやってみてどうだったか，どう感じたか，次に活かせることがあったか，行動結果を意味付けしていきます。

　ふりかえりを行う対話では，結果を確認しつつ，その中で得られた経験や，知識やネットワークなどにも着目します。目標に向けて，何かしらの工夫を行っていれば，それ自体が重要な経験であり，ノウハウにもなります。また，そのプロセスの中で，どのように他者とかかわったかをふりかえれば，業務を助けてくれる周囲の人の存在を認識できることもあるでしょう。

　掲げた目標に対して，うまくいくこともあれば，うまくいかないこともあります。とくにうまくいかなかった時には，落ち込むこともあります。結果そのものよりも，目標自体が適切な内容だったのか。適切な難易度だったのか。うまくいかなかったとすれば，それは自分がコントロールできたことなのか。行動してみて，山内さん自身にとって意味のあるものだと感じられた

か。本人がこのような視点でふりかえりをできるように，問いかけを行って
いきます。

　これまでの気づきや学びを活かしながら，目標を調整し（あくまで自己決
定を前提に），期待と応援を込めながら次の行動を促していきます。そして，
次のふりかえり，対話の機会をつくります。もちろん，日常の業務の中で気
づいたことがあれば，ミーティングを待たずとも，タイムリーにフィード
バックも行います。

　丁寧に向き合い続けた結果，山内さんは自分ならではの強みを自覚すると
共に，自身の職務の領域について習熟をしていきました。また，行動とふり
かえりを続けていく中で「他者が困っているたくさんのタスクを引き取り，
実行することで貢献したい」という意志が見えてきました。

　強みと認識できた「人が面倒だと思う作業が苦ではないこと」を積極的に
部門内でアピールすることで，多くの仕事が山内さんのもとに舞い込むよう
になりました。そして，仲間から頼られることの喜びも感じられるようにな
り，自信に変えることができたようです。

　山内さんは，それまでも十分に能力を発揮していたといえますが，自信が
生まれてきてからというもの，部門内の他チームとのプロジェクトにも積極
的に参加し，自発的にサービス提供における課題を見つけ改善を提案するな
ど，パフォーマンスは明確に向上しました。「周囲から頼りにされるコミュ
ニケーションがとれる」という強みが相まって，複数の部門の交渉役にも抜
擢され，より重要な役割を任されるようにもなりました。

● ケース①：HEROにもとづく解説

　この事例で取り上げた山内さんは，自信を失っていると吐露していること
からも，エフィカシー（自信と信頼の力）をまずは重点的に開発することが
先決でした。また，自分らしい目標を持てていないという自覚もあり，ホー
プ（意志と経路の力）の開発が必要でしょう。これらは，先に述べた通りで
す。

　このままで良いのかという漠然とした不安は，リスク要因に気づいている
ということからレジリエンス（乗り越える力）に着目し，その状態をどう乗

り越えるのか検討を進めることです。また，目標を掲げ行動に移しても，うまくいくことばかりではありません。どうしてもネガティブに陥りがちな側面もあります。ふりかえる際には，オプティミズム（柔軟な楽観力）に着目し，結果を寛大にとらえられるように促します。自分にコントロールできたことと，そうではないことを丁寧に現実的に客観視できるよう，問いかけやフィードバックを行うことが必要になるでしょう。

　確固たる自信は，一朝一夕につくものではありません。自分自身の資産を強みとして認識すること，その資産を活用しながら試行錯誤を経て達成体験を得ること，それらの体験を意味付けして新たな資産に変換をしていくことです。その繰り返しによって自信はより強固になります。こうした取り組みの中で，自分自身がどんな貢献をしたいと思っているのか。自分がどのような時に達成感を得られるのか。そんな問いをきっかけに，意志も少しずつ明確になってくるのです。

◉ 山内さんの相談に対するガイディングプラン例

ホープ：少しずつ目標を明確化していけるように伴走する対話をする

エフィカシー：現状の職務を通じて自信を持てる領域をつくる，支援をする

レジリエンス：漠然とした不安をリスクととらえ，現状の強みの認識を促す

オプティミズム：結果を寛大にとらえ糧にできるようなふりかえりを促す

 ## ガイディング・ケース②

◉ ケース②のストーリー：自分は周囲に評価されていないと感じている人

　高木さん（仮名）は，ある中堅企業の法務部門内で知財を扱うチームで勤務しています。入社15年目で，現職一筋で専門性を高めてきた自負があります。ただ現在，高木さん自身は，いまひとつ現部門の上司や役員から評価をされている実感がありません。高木さんによれば「なんであの人が昇格していて，自分ができないのか」と，同世代や自身より社歴の少ない同僚が昇進

や昇格をしていく様子を目の当たりにしているそうです。自身の評価への不満と共に，不安や焦りも見え隠れしています。

◯ ケース②のガイディング例

　あなたは第三者の立場として話を聴いてほしいと，高木さんから依頼されたと仮定すると，どのようにガイディングを進めるでしょうか。この例では，メンターとして第三者の立場からガイディングする例を紹介します。

　相談内容から，高木さんは同僚と自分を比較して自信を失っており，このままでは良くないという漠然とした不安を抱えているようです。しかしながら，どうしたら良いか分からず，不安が募ったことから評価への不満につながっていると考えられます。

　まずは高木さんの自信を少しずつ取り戻す意味でも，現職一筋で専門性を高めてきたことに敬意を払いながら，第三者から見たその事実の素晴らしさを認め，ポジティブなフィードバックを伝えます。また，自身が評価を高められるよう取り組みたいという想いも感じられることから，その姿勢そのものも認めることが大切になるでしょう。ここまで勤めてきたこと自体も，同様に素晴らしいことです。存在そのものと成し遂げてきたことをしっかりと認められていると感じることで，初めて本音を話してくれることも多いのではないでしょうか。ガイディングをする上で，信頼関係を築いていくためのアプローチは欠かせません。

　相談内容から「現在の職場で評価されたい」と考えていることは確かなようです。その上で，なぜ評価されたいと考えているのか。この職場で続けてこられた理由は何なのか。そもそも入社したきっかけや動機はどういうものだったのか。本人の「こう在りたい」「こうしたい」という意志を具体化していく対話を行い，意志の解像度を高めていきます。ただし，意志を具体化していくためにWhy（なぜ？）を繰り返し問うていくことは，場合によっては問い詰められているように感じることもあります。あくまで，相手（この場合は高木さん）に関心と興味を持ち，知りたいから聞いているのだと伝わるようなコミュニケーションが必要です。そんな率直な対話を行うことで，相手も本来の自分の想いに気づく機会になるのではないでしょうか。

　今回の高木さんの場合は，同年代の同僚や社外の知人と自分を比べてしまい自分もそろそろ昇進しなければまずいのではないか，という焦りがあるとのことでした。そこで，他者は置いておいて，高木さん自身が昇進したらどんなことを実現したいと思っているのかを，少し突っ込んで話を聞いてみることとしました。

　すると，評価され昇進したいという想いの裏に，自社の商品やサービスの強みを自分達の専門性を駆使することで，より強固にすることができると考えていることや，それを実現するためには他者・他部門を巻き込んでいく必要があるため昇進することで話を聞いてもらいやすくなるのではないか。そのように考えていることが明らかになってきました。

　ここで，「専門性を活かし業績に貢献したい」ということを仮に本人の意志とした場合，それを実現するための手段や方法は昇進だけなのだろうかという疑問を投げかけてみます。現在のチームの上司を巻き込むことはできないだろうか。チームの同僚と協力して企画をして，プロジェクトをスタートすることはできないだろうか。実際に，商品企画や営業の部門と必要性についてディスカッションをする機会を持つことはできないだろうか。このように対話を進める中で，新たな視点を選択肢として提示することも時には必要です。

　複数の手段・方法を想像できた時，まだまだ現状でできることがあるのだと，意志の実現に向けて見通しを立てることができるようになります。その中から，まずは実行に移せる目標を決めてもらいます。次のメンタリングの機会を設定し，それまでに何らかのアクションを起こせる行動目標を確認することをお勧めします。

　高木さんは，漠然としているものの，現状のままではまずいという不安を抱えていたことから，現状維持でいることは「リスク」となることを感じているということです。その時点で一歩前進しているのですが，さらに，感じているリスクをチャンスと考えられるよう，とらえ直す（リフレーミング）ためにポジティブな視点への転換を支援します。

　現状を打開するために，高木さん自身の強みとなる資産の棚卸を支援するアプローチも良いでしょう。もし，このままでは足りないと考えられる資産

があれば，どのようにその資産を開発していくのか，方法と具体的なアクションプランを検討します。

　もう1点，ガイディングする必要があるポイントがあります。それは，同僚や他社の知人と自分の評価を比較してしまうことです。評価なんて気にするなといっても，気になるのは人間の性というものです。また，その人の生活がかかっていたり，何らかの自己実現のために必要な場合もあります。評価を気にすることそれ自体が悪いことではありません。

　評価というのは，中には将来への期待や潜在的な点を重視するものもありますが，原則として過去の自分の実績に付随したものです。したがって，過去に対して寛大になる視点をとれるような支援を行います。自分にコントロールできたことと，自分以外に要因があったことを冷静に客観的に分けて考えられるように問いかけや助言を行います。他者からの評価は，基本的には自分がコントロールできることではありません。考えてみれば，こうして現職でいられることも，一定の評価を得ているということですし，さらなる貢献をするためのチャンスがいくらでもあるということです。そのように現状への感謝をできる視点を養うことができれば，これから起こりうる機会や課題をポジティブにとらえることができるようになります。

◯ ケース②：HEROにもとづく解説

　この事例で取り上げた高木さんは，焦りや不安から視野が狭くなっている可能性があります。エフィカシー（自信と信頼の力）を注視すれば，評価されていないと感じ，周囲からのポジティブなフィードバックが少ない状態であることがうかがえます。ガイドの立場として，高木さんの応援者となりポジティブ・フィードバックを送ると共に，もし，職場に介入できるとすれば上司の協力も仰ぎたいところです。ホープ（意志と経路の力）に着目すれば，本来どうしたいと思っているのかに立ち戻ることで，意志を思い出す（または気づく）ことを進めたいところです。また，現状を打開する方法が1つしかないと考えてしまっている点も，見通しを立てづらくなっている原因であり，身動きがとれずパフォーマンスが低下しかねません。視野を広げる意味でも，代案を一緒に考えるようなガイディングが良さそうです。オプティミ

ズム（柔軟な楽観力）の視点で，自分がコントロールできることに集中しながら行動を促していくことも必要でしょう。レジリエンス（乗り越える力）を強化する意味でも，現状をリスクととらえられているならば，そのリスクを乗り越えるために必要な資産を棚卸していきます。資産を認識することで，意志を実現する方法が明確になっていき，またホープも高まっていくというポジティブな循環が生まれるでしょう。また，こうして現状をリスクととらえて乗り越えていくプロセスそのものが，高木さん自身のさらなる成長につながり，自信も生まれていきます。結果として，将来の昇進や昇格にもつながるでしょうし，他の選択肢も増えると考えられます。

◉ 高木さんの相談に対するガイディングプラン例

ホープ：意志を導き出し言語化すると共に，複数の経路を描く支援をする

エフィカシー：周囲からポジティブ・フィードバックが少ない可能性を考慮する

レジリエンス：現状のリスクを乗り越えることを機会ととらえられるよう促す

オプティミズム：自己制御できることに集中を促し，現状への感謝を促す

ガイディング・ケース③

◉ ケース③のストーリー：新任の部門長としてリーダーシップを発揮したい人

中山さん（仮名）は，製造業A社で長く働いています。10年以上勤務した部門から未経験の部門に異動になり，かつ初めての管理職として部門長に抜擢されることとなりました。同じ会社とはいえ，未経験の部門かつ部門長という役職になったというプレッシャーを中山さんは強く感じているようです。成長したいという意欲はあったものの，管理職の仕事に自信を持てず，年齢的にも会社を辞めたほうが良いのではないかと考えることもあるようです。部下たちとのコミュニケーションもうまくいっておらず，前任者と自分をつい比べてしまうことで不安は高まり，ますます自信を失っているようです。

◯ ケース③のガイディング例

　この事例で取り上げた中山さんは，抜擢によって部門長に昇進をしています。もちろん，長年の実績や働きぶりや人柄が評価をされてのことは間違いありませんが，会社としてはさらなる成長と貢献につなげてほしいという将来への期待の表れだと考えます。

　部門長という役職になり，経営層を含む幹部と直接コミュニケーションをとることも増えます。部門異動もしていることから，周囲のメンバーも変わります。自分がこれまで培った専門性を発揮できないだけではなく，部下の専門的な職務内容に関する相談に乗ることもできない中で，初めてマネジメントに携わることになったといえるでしょう。

　中山さんの置かれている状況を考慮すれば，不安や焦りがとても大きくなっていることが想像できます。一方で，部門長という立場になると，社内でこうした不安について本音で話すことは難しいでしょう。他者からの評価などが気になって当然です。相手によっては利害関係が生まれてしまいます。チーム内の関係性に影響が出ることもあるでしょう。そこで第三者のメンタリングによる対話の機会を継続的に持つ方法をとることをお勧めします。対話の際は，今回も心理的資本に介入するガイディングの手法を用います。

　中山さんは，そもそも部門長かつ未経験分野の部門ということで，これまでに経験をしたことのない新しい領域に足を踏み入れている状態です。不安で仕方がないという状態を和らげるという意味でも，対話を通じて中山さんの考えや行動を否定せず認めることを積極的に行います。まずは「こうあるべきだ」という状態をほぐし「これでいい」と思えることを増やすことです。物事の多くは，とらえ方次第でポジティブにもネガティブにもなり得るものです。物事は考え方・とらえ方次第で表裏一体であるという前提に立って対話を進めます。時には，ガイドが中山さんの考えや発言をポジティブに転換して言語化し，フィードバックするというのも良いでしょう。

　中山さんの場合，とくに「前任者のようにならなければならない」という気負いが大きいようです。新任の管理職にありがちですが「リーダーとはこうあるべきだ」「マネジャーはこうでなければならない」「部門長とは◯◯さんのようにならなければならない」という“べき論”に陥りがちです。ビジ

ネス書や，セミナーなどでいわれることや，身近なロールモデルを参考にしていることもあります。もちろん，それらはとても参考になるものです。必要なアクションであれば，真似をすることが有効に作用することもあります。一方で，そうした「あるべきリーダー像」と自分を比べてしまい，できないことだらけだと自信を失ってしまうことは避けたいことです。前提として「あなたはあなたである」ということを認識し，自分らしいリーダーシップのあり方に気づき，その人らしい行動に移していくことを促していきます。

　責任感が強く，自分自身に対する要求度が高い人の場合，極端に物事を悲観的に考える傾向を持つことがあります。第三者から見たら十分に考えているし行動もできているという場面は多々あります。とくに管理職になると，他者から直接認めてもらうというフィードバックをもらえる機会が極端に減少してしまいます。もちろん所属する組織の文化や，周囲との関係性といった前提となる環境によっても，その度合いは異なりますが，物事のポジティブな側面に気づくことができるようガイディングを行うことが必要になるでしょう。できていることに注目する視点を持ち，それを癖付けられるように問いかけを行っていきます。

　「少しでもできたことはありましたか？」「うまくいかなかったのであれば，自分が考えて行動したことには，どのようなことがありましたか？」というように，現実的に物事をとらえられるように導きます。中山さんが自分で考え，行動をした結果があれば，その事実に対して丁寧に「できていますよ」「行動できていますね」とフィードバックを送っていくことです。

　辛抱強くこうした対話を重ねる中で，中山さんは少しずつ自分らしいやり方を自分で認められるよう変化してきました。前任者のタイプは，いわゆる率先垂範で周囲を引っ張るタイプのリーダーでしたが，中山さんは本来まったく異なるタイプで，周囲の助けをうまく引き出しながら前進するタイプだということを，自覚し受け入れることができたわけです。

　自分のことを受入れ，前向きになってきた段階で，これからどうしていきたいか，中山さん個人としてどうありたいかを問うていきます。中山さんのこれまでの職務経験や，個人的にやりたいと思っていることなどを聞いていく中で，すでに持っている様々な強みとなる資産を明確にしていきます。部

門長として活かすことができる経験・知識や，社内外の人的ネットワークも見つかるでしょう。

　話を進める中で，できるなら現在の会社で貢献をしていきたいという気持ちがあることや，セカンドキャリアとしてやりたいと思っていることをぼんやりと持っていることも本音で話してくれるようになりました。セカンドキャリアに向けた準備を少しずつ進められる期間ととらえ，具体化していく期間としても大事なタイミングだったのかもしれません。会社からの期待として部門長になったことを，新たな領域を広げるチャンスととらえながら，広い意味でのライフ，キャリアのステップとして考えるという視点を持つことで，道は1つではないと考えられるようになり，焦りや不安も小さくなることでしょう。

　意志が具体化してくると，実現に向かうための目標やアクションも明確にしやすくなります。中山さんの場合，部門長として会社に貢献していきたいという意志もありますし，セカンドキャリアに向けて少しずつ準備していきたいという意志も持っています。このように意志は1つに限定されません。それらがその人らしさや，進む方向を決める要素の1つになるということです。継続的な対話を通じて，目標や行動をふりかえりながら，新たな領域での達成体験を積み重ねていくガイディングを行っていきます。

　こうしたガイディングを通じて，中山さんには周囲からも分かるほどの変化がありました。前任者のようであらねばならないと考えていた頃の部下とのコミュニケーションでは，「自分が強く厳しいリーダーとして皆を引っ張らなければ」という考えの下，中山さん自身の不安と自信の無さが裏目に出たことで，形から入っていました。そのため，本人のタイプとは裏腹な厳しい態度で接することになり，部下との関係性は悪化する一方でした。しかしながら，自分らしく役割を全うしていこうという考え方をとれるようになったことで，分からないことは部門のことを良く知る部下たちを頼ることができるようになりました。それは部下たちだけではなく，他の部門長とのコミュニケーションでも同様に，自分という人間を素直に表現することで，積極的に助けてほしいと伝えられるようになりました。部門内のマネジメントも，部門長間や経営層とのやり取りも自信を持って進められるようになりま

した。周囲から見ても，部門長としてのパフォーマンスは大幅に向上し，中山さんの表情もイキイキとするようになりました。

◉ ケース③：HEROにもとづく解説

　この事例で取り上げた中山さんは，急に新たな領域に踏み出すことになり，自信がない状態です。自分が部門長に抜擢されたことにも，納得ができておらず，自身の強みや，自分らしさに気づけていないことがうかがえます。まずは中山さん自身が自分を少しでも認められるように，エフィカシーとオプティミズムに着目したガイディングを行います。現状の中山さんの存在そのものを認めるポジティブ・フィードバック，そして現実的に柔軟に状況をとらえ，現状に感謝をできるように考え方を変えていきます。自分はダメだ，できていないという悲観主義的な思考を現実的に楽観できるように導くことです。続いて，中山さんの経験や知識やネットワーク，考え方や価値観など資産を自己認識できるように導きます。昇格・昇進はポジティブな出来事として一般的にとらえられますが，このようにリスクにもなり得ます。現在持っている資産を，リスクを乗り越える強みとして活用できるようにするため，自己認識を促すのです。ここまで進むことができると，自分がどう在りたいか，どうしたいと思っているのか，本音を話してくれる可能性が高くなります。ホープに着目し，意志を具体化していく対話を行っていきます。意志が具体化してくれば，現在向き合っている部門長としての組織マネジメントや部門運営の推進，セカンドキャリアでやりたいと思っていることの準備といった新たな領域のエフィカシーを高められるよう目標を設定することができます。そして，行動を起こし，そのふりかえりとフィードバックを行っていきます。

◉ 中山さんの相談に対するガイディングプラン例

ホープ：本当はどうしたいと思っているのか意志を具体化する

エフィカシー：その人らしさを認めた上で，新たな領域での達成体験を促す

レジリエンス：その人らしい資産の認識と，資産を活用した行動を促す

オプティミズム：現状を認められるよう，リフレーミングを促す

　ここまで３つの事例を取り上げ，心理的資本を高める介入（ガイディング）のストーリーに触れてきました。これらは必ずしも正解とは限りませんし，それぞれの方の置かれている状況が異なれば，ガイディングの進め方も異なるでしょう。事例で触れたようなガイディングプランが，その通りに進むとは限りません。しかし，心理的資本の考え方を知り，HEROの要素をイメージしながら相手に向き合うことができれば，人がポジティブに物事に向き合い進んでいくための助けになることは間違いありません。こうした知識を使える技術を身につけ，実践することができる人が名実ともに「サイキャップマスター（PsyCap Master）」なのだと思います。

　一時的な研修等による介入でも，一定の心理的資本の向上が認められたという研究や調査はあります。加えて実際に職場や生活の中で心理的資本を高めていくためには，本章の事例で取り上げたような対話を通じ，日々の職場や生活で起こることを踏まえながら，継続的な介入を行うことが望ましいのです。

　株式会社Be&Doが提供する第三者による対話を行う６ヶ月の伴走型のガイディングサービスでは，介入前と介入後の心理的資本と関連する指標の変化率についてデータを公開しています。８社・51名の実績データの平均から，心理的資本12％向上，行動変容率39％向上，チーム状態への評価16％改善，業績感29％向上（2023年６月時点）となっています。

　心理的資本は測定でき，かつ開発できることを継続的に検証していますが，これらのデータは個人・組織にとっても，とても有益で意義深いものではないでしょうか。

第 *11* 章
サイキャップマスターの視点

 サイキャップマスターとは

　本章では，さらに事例を多角的な視点でとらえられるよう，様々な立場の
サイキャップマスターによる仮説の立て方や，介入方法の例を取り上げます。
その上で，どのように介入していくと良いのか，具体的な進め方の例も解説
として加えています。

　PsyCap Masterとは，日本心理的資本協会が認定する心理的資本の知識を
学び，心理的資本を高めるための介入法・開発法（ガイディング）を実践的
に身につけた人のことを指します。

　以下，様々な事例にもとづく，座談会形式で話を聞きました。企業の人事
部門の方，現場でマネジメントに携わる方，社内でメンターをされている方，
人事コンサルタント，研修講師，フリーランスのコーチ，キャリアコンサル
タント，キャリアカウンセラーなど，人と組織にかかわる多様な方々の視点
となります。それでは，いくつかの事例をご紹介しましょう。

 サイキャップマスターの視点①

● ケース①のストーリー：現状に満足している人

　高田さん（仮名）は現状にとくに不満もなく満足している状況で，本人は
何も問題を感じていないようです。社内で上司が「何か困っていることは無
い？」と聞いても，「とくにありません」と言うだけです。会社としては，
より高い目標を持ち，課題意識を持って取り組んでほしいと思っているので
すが…。

　あなたなら，高田さんをどのようにガイディングしますか？

Aさん：バックキャスティングという考え方（将来を見越して在りたい姿か

ら逆算する）を提示し，そこに向かうためのタスクを細分化し，今何をする必要があるか問いたいと思います。また，ロールモデルの提示（ただし，ロールモデルの活用の善し悪しはケースバイケースではあるが）をしながら「こうなりたい」というものを引き出すようなアプローチも良いのではないでしょうか。ただ，やはり現状に満足している人は自発的には動かないので，何らかの仕掛けをすることが大事であることは間違いないと思いますね。

Bさん：まずは個人に話を深く聞いていくことが，やはり一番大事ではないでしょうか。自分が気づいていない困りごとは，あるはずだと思います。日常生活の中で，それが常態化して当たり前になってしまっている困りごともきっとありますよね。直接聞き出していけば，出てくるのではないでしょうか。その困りごとをまずはきっかけにして対話を進めたいと思いますね。

Cさん：私は満足している理由をまずは聞きたいと思います。自分が満たされている状態そのものは素敵なことですよね。そのこと自体はしっかり認め，本人を敬いたいと思います。それから，満足の理由を1つずつ聞いていきます。その人ご自身の中で"満足であらねばならない"と考えて，満足していると答えている人もいるという前提に立ちながら，現状を掘り下げていきます。課題はどこかしらに眠っているはずなので，そうした対話を通して悩みが吐露されれば，解決のための行動を促しますね。

Dさん：満足していることは非常に良いことだとは思います。でも経営視点で組織と個人のことを考えると，その満足が小さな範囲での満足になってしまっていると問題があるなと思います。挑戦できる環境に満足しているとか，成長できる環境に満足しているということなら良いのですが。私は自分でも，「もし3日後に死んでも満足か」と自問自答することがあります。すると，あれもこれもやり残しているなと思います。では，今なんで計画に入れないのかと。そんな問いを高田さんに投げかけてみるのも良い

かもしれませんね。

　また，入社の動機を聞くというのも良いのではないでしょうか。今の部署で配属された時を思い出して，こういうことをやろうと思っていたものは何だったのか聞く。それがどこまで，成し遂げられたのかということを問いますね。当初の素直な想いにヒントが眠っているのではないかと。

Eさん：たとえば若い人は，キャリアシートのようなものに書くと，将来を逆算しやすいと思います。一方でシニア世代の場合は，会社のキャリアというものとは別軸を提示するなど，誰かのために役に立つところで，満足感や達成感を感じられるような場を見つけられるよう問いかけていきたいです。それが職場なのか，地域なのか，家族や，趣味のようなものなど様々だと思いますが。今思えば，過去に年上の部下をマネジメントした時，働く目的として社会貢献や生活も含めて，柔軟に投げかけをすれば良かったなと思いますね。

Fさん：キャリア面談で，今満足していることをスコア化してみると良いかもしれません。今より1点スコアを上げるとしたら何ができると思いますか？　のような問いかけもありではないでしょうか。

Gさん：「困ったことはありますか？」「満足していますか？」と聞かれた場合，誰にどう聞かれるかで，満足しているかどうか答え方が変わるかもしれないなと思います。人間関係や質問の仕方で変わるということですね。満足しているかどうかを問うことは，やはり対話のきっかけに過ぎず，どこに満足しているのか，どういうところが満足するポイントなのかを聞き出すと良いのではないかと思います。

Hさん：高田さんの満足の源泉がどこなのか。それが本音なのかということを，対話を通じて聞き出せるかどうかがポイントになると思います。根底には，本当の満足はないという前提に私は立ちますね。人間の欲望は果てしなくあるものだと考えるほうが自然かもしれないなと。

● ケース①：HEROにもとづく解説

　本事例における高田さんの場合，ホープ（意志と経路の力），エフィカシー（自信と信頼の力），レジリエンス（乗り越える力）に着目してみましょう。本当に現状に満足しているとすれば高田さんはホープが低下している，またはこれから低下していくことが考えられるでしょう。満足していること自体は悪いことではなく，むしろ素晴らしいことです。しかしながら，次の意志が見えていない状態といえるでしょう。もし，現状が絶頂期であったとしても，ここから心理的資本は低下してしまいかねません。極端ではありますが，オリンピックを目指すスポーツ選手が金メダルを獲得した後に陥りやすいといわれる「燃え尽き症候群（バーンアウト）」は，分かりやすい例かもしれません。この状態に陥ると，何をしても良い緊張感は失われ，やりがいを見出せず，行動を起こすエネルギーが弱くなります。

　まずはホープに焦点を当て，小さな意志に気づけるような問いかけを行いながら，その意志に向かうための手段・方法を一緒に考えます。それは，どんな小さなものでも良いのです。そして，一歩踏み出す行動を促すような働きかけを行い，実際に行動を起こしてもらうことが何より重要になります。本来の志を思い出した場合であれ，新たな領域へ踏み出す場合であれ，意志に向かって行動を起こすことで，小さな達成体験を得ることができ，エフィカシーを高めることになります。ガイドは，少なくとも１人の応援者として高田さんに伴走するという姿勢も大切です。行動できたことに対し，ふりかえりを促すこと，ポジティブ・フィードバックを送っていくことは，やはり欠かせません。高田さんと継続的なかかわりを持つ中で，本人がわくわくする目標を見つけられれば，その道を自走していけるでしょう。高田さんはまた前進していくためのエネルギーに満ちていくに違いありません。

　もう１つ高田さんの事例で可能性があるのは，現状を変えることをリスクとして考えているということです。この場合は，レジリエンスの視点から考えます。リスクをチャンスととらえられないか。もしくは，変わらないこと（つまりは現状維持）のリスクはどのようなものがあるか。そんな問いかけをしていきます。リスクを客観的に認識できた時点で，高田さん自身が持つ資産を，どのように活かしてリスクを乗り越えていくのか，一緒に考えなが

ら，行動を促すガイディングを行います。

　心理的資本を開発する上で，常に念頭に置いておきたいことは，気づきを促すことで終わらせず，何らかの行動につなげることです。

 ## サイキャップマスターの視点②

◎ ケース②のストーリー：踊り場を迎えてモヤモヤしている人

　藤本さん（仮名）は，仕事内容に不満はなく職場のチームの仲間にも恵まれていると感じていますが，本当にこのままで良いのだろうかと，漠然とした不安を持っています。あなたなら藤本さんをどのようにガイディングしますか。

Aさん：藤本さんは意志が会社のためになっていなければならないとか，立派じゃないといけないというバイアスがかかっている可能性もある。会社に貢献できているよとフィードバックするような手助けも必要。

　　会社のパーパスを理解している人と，自分の意志が明確な人を比べた時，後者のほうが，パフォーマンスが高いというデータもあるそう。そうした情報提供もしながら，個人の想いも大切だよ，ということを引き出してあげることも。

Bさん：キャリアへの不安が大きいのではないか。今の職場には満足しているが，安泰でぬるま湯で現状維持じゃだめだと思っているのかもしれない。やはりそこでは目標が大切になるのではないか。何が強みで，何が弱いのかを明確にすることで，次の目標を決めて行動に移すことができるのではないか。個人のやりたいことも，ちゃんとコミュニケーションすることが大事。

Cさん：こういう不安を持つこと，誰かに表出できること自体も素晴らしいことだと思う。不安をひとつひとつ分解していくサポートも大事。どんなふうになりたいのか，自分なりにもがいている人のはずなので，何かすで

にもがきながらやっていることもあるかもしれないので，それを認める。背中を押してほしいとか，止めてほしいと思って相談していることもあるね。本当に漠然としているのか，まだ本音を話してくれていないのかもしれないね。この人に話しても大丈夫という状態にならなければ。

Dさん：仕事内容に不満はない。漠然とした不安。このキーワードに着目すると，もしかするとこの人はコンフォートゾーンにいるのかもしれない。一通り自分の仕事もできるし，周囲からの評価も得ている。変わる必要はないという想いもどこかにありつつも，新しい領域を広げていけない不安があるのかも。その半歩先の変化が怖いのかもしれない。漠然とした不安は，原因が解明されないのが怖さになっているので，そのモヤモヤの原因を探る対話と，そんな場づくりが必要。かつては飲み会のような場があったのかもしれないけれど，社内で話せる場をつくるのも大事。自己認識を深めていくことが大事。モヤモヤの要因，時間軸で，今に対してなのか，未来に対してなのか。目標設定の支援で，人生の目的を考え，目標に落としていく。結果として，目標を立てて，1つずつ達成していければ，改善していくのでは。

　モヤモヤしている人は，本当にモヤモヤしたくないのだろうか（モヤモヤしたい人もいるのかも）。

Eさん：外から見るとうまくいっている人。本人はほんとのところは満足していないんじゃないか。上司がうまくいっていない人に手をかけて，うまくいっているから大丈夫，とうまくいっている人にかかわりを持てていないかもしれない。そういった人にもちゃんとフィードバックしないとね。子育て中の兄弟でもありますよね。現状維持でいたくないという表れなので，それ自体はすごい。

　放っておくと，無力感でもういいやとなってしまうので注意が必要だと思う。転職しちゃうケースもあるかな。学習する機会はあるものの，受けっぱなしになっている。フィードバックがなくて，成長している実感が無いのかも。ダメなガイディングは，不安に寄り添い過ぎたり，自分の経

験からのアドバイスだけになってしまう，あるべき論でガイディングし
ちゃう，というのはよくないなと思います。寄り添いつつも，次の成長の
チャンスに向けて導いていきたいですね。

Fさん：未来への解像度が漠然としているからかもしれないですね。未来へ
の解像度を高めると，必要なことが見えてくると思います。マネジメント
している部下に類似したケースがありました。この部下の場合は例に出て
いる藤本さんと異なり，漠然とした不安すらも無い状態でした。今で満足
しているし，給料を上げたいわけでもなく，仕事して趣味の時間を持てれ
ば十分ですという人です。その彼が恋愛をきっかけに結婚が決まったこと
で，照準が変わったのでしょう。そこから「どうしたら昇格できますか？」
と自発的な意欲が高まったことがありました。そういった意味では，仕事
の中の話だけに限らず，未来への解像度を高められるようなサポートをし
たいですね。

Gさん：ミドルシニアだと，会社が決めてくれたからと与えられるものだか
らという認識で過ごしている人も多いかもしれません。それは時代背景も
あると思いますが。いざ，当事者意識について考えてみると，よく他人の
身になって考えようという話はありますが，自分の身についてしっかり考
えているのかということですね。自分の本心と向き合えているかというこ
とです。内省も大事だけど，対話の機会をうまくつくってあげたいです。

◉ ケース②：HEROにもとづく解説

　本事例の藤本さんの場合，極端に心理的資本が低いわけではなく，ネガ
ティブな態度や行動につながるものではないにしろ，イキイキと現状を楽し
めているかどうかと問われれば，疑問が残る状態といえるでしょう。潜在的
なパフォーマンスを発揮できていない可能性が高そうです。では，イキイキ
と幸福感を感じられている時は，どのような時でしょうか。行動できている，
前に進んでいる，成長できている，何かが得られている，何かがより良く
なっていく，そのような実感を得られている状態ではないでしょうか。目標

を達成してしまった後よりも，目標に向けて前進している時に「わくわく」するような高揚感を感じるものだと思います。

　エフィカシーの視点では，慣れ親しんだ領域にとどまったまま，領域を広げられずにいることが考えられます。一方で，エフィカシーは常に改善の余地があるものだととらえれば，いくら慣れ親しんだ領域といっても，深めたり高めたりすることも可能です。ケースバイケースですが，現在の領域をさらに深める（高める）ことを志向するのか，新しい領域を開拓することを志向するのかという視点で対話のきっかけをつくる方法はあるでしょう。

　ホープの視点では，やはり目標設定をすることです。おそらく職務上の達成しなければならない目標は持っていたとしても，自分が達成したい目標として腹落ちしていない可能性があります。自分が目指したい第2，第3の目標を別途設定してみることも良いでしょう。それが会社の目標に関連することでも良いですし，自身のキャリアや，仕事以外のことでも良いでしょう。まずは目標を設定し，そこ向けて進み始めることで，藤本さんのモヤモヤは晴れてくるでしょう。

　オプティミズムの視点でいえば，将来への機会探索ができているかどうかを確認していきます。もし藤本さんに明確な意志があるのだとしたら，その意志の実現に向けて新たな行動を起こせる余裕が生まれている状況かもしれません。そのように自己認識ができれば，現状の恵まれている環境にも感謝できるでしょう。階段の途中にある踊り場は，次の階段に向かう準備をしている場のはずです。

　レジリエンスの視点で見ると，藤本さんは「このままで良いのか」と，リスクについて漠然とではありますが認識できている状態です。ただ，現状の恵まれていると感じる状況を失うというリスクの優先度が高い状態にあるのでしょう。意志が明確になっているのであれば，一歩踏み出す自信を持てていないだけと考えられます。小さな一歩を踏み出し，達成体験を促せるようにしたいものです。

サイキャップマスターの視点③

◎ ケース③のストーリー：強い成功体験に縛られている人

　長田さん（仮名）は，その職場で実績を積み重ねてきました。その経験を買われ，その職場のマネジメントを任されることになりました。しかしながら，長田さんの部門業績は以前より低迷し，部下の休退職率が上昇しているようです。長田さんの相談にのる中で「部下には自分が成功したやり方を徹底して指導しているのに」という声が聞かれました。この場合，どのようにガイディングしますか。

　Aさん：まずは長田さんが現状をどのように認識しているのか，自己認識を確認していくことは必要だと思います。その上で，長田さんは実績があるからこそマネジャーに登用されているはずなので，そこはしっかりと承認することから対話に入っていきます。やはり最低限の信頼関係を築けないと，フィードバックもできないですから。長田さんなりに会社や部下のために良かれと思ってやっている可能性もありますし。アプローチ方法としては2つあると思っています。成功体験があって，自分のやり方が通用してきた人は，他者に対して「分かっていて当たり前だよね」と成功方法を大前提にしてしまい丁寧に伝えられていない可能性があります。人にはタイプの違いがあると思うので，部下への伝え方を一緒に考えたいですね。もう1つは内省を促したいですね。ご自身の指導は部下視点で見たらどう感じているでしょうか。ご自身で変えられるところがあるとしたら，どんなところか。

　Bさん：自分自身の経験からふりかえると，かつて自分が社会人になった頃は，長田さんのような上司が多かったように思います。私自身は，他者から押し付けられることが好きではないタイプだったので，部下の方の気持ちも分かります。まずは長田さんがご自身の状況に気づいているか，気づいていないかは確認したいですね。ただし，長田さんのようなタイプの人は，なかなか正直に話をしてくれないこともありますよね。たとえば，も

し同じ組織の立場というかかわりの場合，話を素直にしていただけず，場合によっては反発をされるケースもあるかもしれないですね。だからといって，やり方を押し付けるのも良いガイディングとはいえませんよね。ガイディングするとすれば，外部的な要因に焦点を当てるかかわり方と，内部的な要因に焦点を当てるかかわり方があるかと思います。外部的な要因に焦点を当てるならば，社会環境の変化という視点から入って，まずは長田さん自身の考え方を知っていく方法もあると思います。一方で，内部的な要因に焦点を当てて話ができそうであれば過去の成功体験についてお話をしてもらいながら，その時は「何を考え，どのように行動し，どう感じたのか」を語ってもらうことで，その本質は何なのかを一緒に考える方法もあると思います。

Cさん：長田さんの部門で，退職者が増えていることをご本人がどのように考えているか次第で入口は変わると思います。自分のやり方についてこられないなら辞められても仕方がないと思っているのか，それとも，この状況を何とかしたいと考えているのかで大きく違いますよね。いずれにしても，初めてマネジメントをすることになった人が通りがちな道なのではないでしょうか。ただ，今回のケースは休退職が増えていることからも，組織で問題にあがっていると仮定します。ガイドからのフィードバックが人格否定にとらえられぬよう，まずは信頼関係を築くことが先決かもしれません。そういった意味では，これまでの成功体験を紐解いていく中で，あなたを否定したいわけではないということを理解してもらえる状態にすることが，最初にやることかもしれません。

　長田さんの部下に対するかかわり方として，指導するという意味をどうとらえているかは確認したいですね。指導が，指摘だけになっている可能性もあります。1対1の関係ではなく，私たちとしてどうするかという視点でかかわりを持てると良いのではとも思います。長田さんの目標を達成するためには，部門のメンバーは大切な資産でもあるはずですし。

　大きな成功体験を持っている方ほど，他者の小さな成功や達成体験を軽く見てしまう傾向があるようにも思います。部下にとっての小さな達成を

しっかりと認めていくことは，とてもパワフルで効果的だよということを助言することも必要ではないでしょうか。また長田さんは「こうあるべき」「こうするべき」という思考が強いことも考えられるので，方法や手段の選択肢が狭まっている可能性もありますよね。部門の業績達成や，部下の育成のための道が他にもあることを認識できれば，長田さんはマネジャーとしても活躍されるのではないかと思います。

Dさん：業績が低迷し休退職者が増えているという事実を，長田さんが直視して自分自身が変わる必要性を認識してもらうことがスタートだと思います。過去の成功体験について，いわゆる「アンラーニング（これまでの学びを見つめ直し，場合によっては手放す）」をして，柔軟な思考を長田さんが手に入れることができるガイディングを目指したいです。

　今起こっている事実は直視してもらいたいのだけども，そこで新たな目標設定をすることだと思います。どうなると良いのだろうかと。その上で，過去の成功体験をふりかえった時に，活かせるものは何なのか。逆に変えたほうが良いものは何なのか。一緒にふりかえりを行っていくようなかかわり方をしたいですね。成功体験，場合によっては失敗体験からも，現状や将来に向けた価値につながっているものと，そうではないものを整理します。

　きっと長田さんのここまで来られた成長過程と，部下の方々の成長過程をふりかえり照らし合わせることで，それぞれが異なるということを認識してもらい，別の方法を探す手助けをしたいですね。

◯ ケース③：HEROにもとづく解説

本事例の長田さんの場合，このまま放置すれば，長田さん自身の心理的資本が低下するだけではなく，部下の方々の心理的資本も大幅に低下していきかねない状況だと思われます。業績の低迷，休退職者の増加を考えると，何らかの介入が必要な状態であることは間違いありません。

　強い成功体験に縛られ過ぎている場合，自分のやり方に固執しがちです。周囲から強引な印象や，傲慢な印象を持たれてしまいがちであり，それ故に

自ら自分自身を守るために鎧をまとってしまい意固地になることすらあります。一方で，自らの成功体験を否定されたくはないという想いから，実は変化への対応や適応に不安があるという可能性も考えられます。

長田さんは，これまで成果をあげ，実績が組織の中で評価されてきたことは間違いないでしょう。心理的資本が高い状態の時は，その人の特性や行動が強みとして表面化すると考えます。一方で，心理的資本が低い状態の時には逆に弱みとして表面化してしまいます。そのようにとらえると，長田さんは新任のマネジャーとして新たな領域に挑戦している中で，本当は自信がなく不安に悩まされている可能性が高いと考えられます。

長田さんが担当する部門が，自身が実績を積んできた同じ部門だとしても，自分がプレイヤーとして得られた経験が活かせるとは限りません。マネジメントという新たな領域に踏み出したばかりであれば，マネジャーという役割のエフィカシーは低い状態といえます。長田さん自身も，過去の成功に甘んじることなくマネジメントの領域で試行錯誤し，新たに達成体験を積み重ねていく必要があるでしょう。

また部門をマネジメントしている長田さんが，過去の自身の成功体験に囚われてしまい，成果を得られる方法は１つしかないと考えているならば，ホープも低い状態といえるでしょう。この状態は部下たちにも大きく影響します。長田さんはすべての目標を設定し，そのための方法を細かく指示し，その通りにするように部下に指示し，すべての決定を行っていたとすればどうでしょうか。部下は言われた通りやらなければならないと考え，自ら考えずに行動するかもしれません。これでは，部下のホープも下がってしまうでしょう。長田さんが環境の変化や部下のタイプに応じて柔軟に手段や方法を描けるようになれば，状況が改善する可能性がありそうです。

長田さんは強い成功体験に縛られている可能性が高いようです。一方で，マネジャーになってからは部門の業績の低迷や，部下の休退職の現状から決して成功しているとはいえない状態です。それぞれの結果を踏まえ，客観的に，自分がコントロールできたことと，そうではないことを整理するガイディングを行います。このプロセスを通じて，柔軟に肯定できる思考を身につけていけるよう導き，オプティミズムを強化していく必要があるでしょう。

縛られていた成功体験や現状の失敗体験を客観的にとらえ直し，ほぐしていくことです。

　レジリエンスの視点で見れば，長田さんが現状直面している状況をリスクとしてとらえられるかどうかです。このリスクを新たな挑戦や成長の機会ととらえることができれば，文字通りの「ピンチをチャンスに変える」が実現できるのです。このリスクを乗り越えるために，これまでの経験で得られた知識やスキルや人的ネットワークを棚卸することも必要でしょう。不足があれば，新たに知識やスキルを得るための行動を後押しします。

　現状を乗り越えるための資産は，１人で考えていても認識できないことも多く，客観的にフィードバックを伝えられる心理的資本のガイドの存在は重要になるでしょう。一般的に管理職になった途端に他者から承認を得られる機会が減ることが多いものです。それはマネジメントという，新たな領域に踏み出し「これで良いのか？」という不安を抱えながら進むしかない状態にもかかわらずということです。管理職にこそメンターとなるガイド役をつけることが大切かもしれません。部門全体の業績に影響が大きくなるからです。

サイキャップマスターの視点④

◉ ケース④のストーリー：チャレンジしたくないという人

　西野さん（仮名）はとても真面目に日々の業務をしています。着実に業務を行う姿勢と実績が評価され，会社としては西野さんの活躍の幅を広げてほしいと思い，挑戦の機会として，職場での新たな役割をお願いすることになりました。しかしながら，西野さんは「やりたくない」と消極的なようです。西野さんの意欲と行動を引き出すには，どのようにガイディングをすると良いでしょうか。

Aさん：まず最初には本人の興味とか意志のところ，つまりホープの状態について確認していくことではないか。その一方で組織や上司からの期待も伝えるということで，その上でギャップが生じているならば改めて話し合う必要はあるでしょう。エフィカシーに関して，その人のタイプにもより

ますが，いきなり新しい領域にチャレンジしてくれというのは難しい場合もありますよね。小さな達成体験を積める機会を提供することが先決だとも思います。一方で組織風土や上司側の課題の可能性もありますね。たとえば，新たな挑戦をしたら損をする組織風土という可能性があるので，西野さん本人へのガイディングだけではなく，上司に対するガイディングも必要かもしれませんね。

Bさん：そもそも上司なのか，第三者のガイドなのかはわかりませんが，ガイディングする人自身が何らかの挑戦をしていなければ説得力が低い気もします。その上で，それまでの上司からの西野さんへのコミュニケーションの取り方にも着目したいです。チャレンジしたくない理由にもよりますが，もし自信がないからだとすれば，達成体験を得られるようなフィードバックがなく，改善点の指摘ばかりしていたとすれば，挑戦をためらう気持ちも分かります。

Cさん：意欲がないと感じられるのは，どういったところで感じられるかを改めて観察したいですね。もしかしたら，本当は意欲があるけれど，表現が苦手な場合もあります。組織風土の話が先ほどありましたが，表現できない理由があったかもしれません。だから，まずは本当に意欲がないのかどうか，丁寧に確認したいと思います。最終的には，チャレンジするという選択と，チャレンジしないという選択，どちらも選ぶことができるということを伝えます。ただ，その前に一度，入社してから今までをふりかえってみましょうと促します。その中で，これまで，どのような人たちと働いてきたかということも，影響している可能性があるので，話を聞いていきます。会社として考えている大きい期待も伝えますが，日常でやっていく仕事の具体例を示しながら目標設定をしていきます。継続的にポジティブ・フィードバックと改善フィードバックを行う機会を持ちながら，ステップ・バイ・ステップで合意を得ながら進めるほうが良さそうです。

Dさん：チャレンジするかしないか選択できるというガイディングをするこ

とは，西野さんの心を軽くするかもしれないと思いました。リスクをとる
かどうか，判断材料とするための情報を整理するための支援だと考えれば
良いかもしれませんね。そうすることで，自分で自分の道をコントロール
できるという感覚を持てることも大切ですよね。もし西野さんが，仕事は
あるものをこなすものだと考えていたとしても，自分に判断できることが
あると感じられれば，仕事に対して楽しみも生まれてくるのかもしれませ
ん。

Eさん：人によって言葉に対するイメージのギャップもあるかもしれません。
たとえば今回のように「チャレンジ」という言葉も，ものすごい大きなこ
とへの挑戦を指すのか，小さく一歩踏み出すものでも良いのか。その人の
エフィカシーの状態によって，どれくらいの一歩なのかは異なると思いま
すが，自発的に踏み出せるようにガイディングをできると良いなと思いま
す。

Fさん：新しいことにチャレンジする意欲に乏しいと見ているのも，上司の
主観かもしれません。組織風土もやっぱりあるかもしれません。会社も上
司も主観で西野さんを見ている限り，必ずイメージにギャップが発生して
しまうと思います。その前提で考えながら，西野さん中心で，本人がどう
思っているのか丁寧に向き合っていくガイディングが望ましいですね。本
人がいないところで，勝手に話が進んでしまわないようにしたいと思いま
した。対話を通じて深く聞いてみないと分からないことは多いです。

Gさん：たとえば新しいチャレンジが「リーダーになること」だとしても，
それぞれにリーダー像を持っていたり，「こうあらねばならない」という
固定観念がつきまとってしまうことが多いと思います。その固定観念が
チャレンジを足踏みさせてしまったり，堅実に着実に物事を進めたいよう
なタイプの人にとってはチャレンジという言葉そのものに苦手意識を持た
れている場合もありますよね。

Hさん：日々の日常生活の中でも，何かを「やる，やらない」を決める判断
　基準は，人それぞれの中にありますよね。中には，やろうとしているけれ
　ど，どうしてもできない理由を持っている人もいます。それは信頼関係を
　築き，じっくり対話を続けないと分からないこともありますね。その人の
　特性や，価値観や，何らかの事情を抱えていることもあります。チャレン
　ジの要素を分解してみることで，チャレンジできることと，チャレンジで
　きないことを丁寧に分けながら，できることから一歩ずつ進めるようにガ
　イディングするという方法も良いかもしれません。結果として，できるこ
　とが増えて，次のステップに進めるということもあると思います。

Iさん：何かしらまったくの新たなチャレンジをするということよりも，今
　すでにできていることを徐々に広げていくようなアプローチが良いのかな
　と。たとえばエンジニアの人が，急にマネジャーになれという辞令があっ
　た時に退職をしてしまうという例もあると聞きます。いずれにしても，自
　分で選んでこの場にいる，自分が選択したと思えるほうが，腹決めができ
　るし，新たなチャレンジもスタートできると思います。

◉ ケース④：HEROにもとづく解説

　本事例に登場する西野さんは，事前情報にもとづけば，大まかに４つのパ
ターンが考えられます。１つ目には，やはり自信がないからチャレンジをし
たくないというもの。２つ目は，リスクを考えてしまい失敗が怖いというも
の。３つ目は，組織風土として，挑戦する人が身近にいないためロールモデ
ルが存在していないということ。４つ目に，そもそも仕事とは与えられたも
のをこなすことにあるという思考が強い場合です。
　１つ目の「自信がない場合」を考えるなら，エフィカシーとホープに焦点
を当てながらガイディングを行います。小さな達成体験を積むことを重視し，
丁寧なふりかえりとフィードバックで徐々にチャレンジの幅を広げていく方
法が望ましいでしょう。この場合，チャレンジする目標の設定の仕方が鍵を
握ります。もし西野さんにとって身近にロールモデルとして最適な人物がい
れば観察を促します。または，ガイド自身がロールモデルになり代理体験を

促す方法もあるでしょう。エフィカシーは一足飛びに高まることはありませんが，大切なことは何らかの行動を促すことです。行動を起こし，ふりかえりを行い，フィードバックを得るという基本的なサイクルを回すことです。その中で，ホープを高めるきっかけとなる意志に西野さん自身が気づくということもあるでしょう。つい人は目的や意志について素晴らしいものを掲げなければならないと思いがちです。そうではなく，まず大切なことは素直な気持ちから設定できるかどうかです。西野さんが「今，関心があること」から少しずつ広げながら目標設定を行っていくことです。

　2つ目の「リスクを考え失敗が怖い場合」と，3つ目の「組織風土としてロールモデルが存在しない」場合は，エフィカシーとレジリエンスに注目してみましょう。まずは西野さん自身の強みをしっかりと棚卸し，どのようにそれらの資産を活かしチャレンジしていくのか方法を考えます。チャレンジすることにはリスクが付きまとうことは間違いありません。直面しているリスク，想定しているリスクは何か，そのことについて対話をすることで漠然とした不安ではなく，頭が整理されてきます。リスクが具体化できたなら，それが自身の成長のために必要なのであれば，どうやって乗り越えていくのか対話を進めます。場合によっては，リスクを回避する必要もあります。リスクを言語化できれば，判断ができるようになります。リスクをとりチャレンジすることを選択したのならば，その過程そのものが西野さんの成長につながるよう行動とふりかえりを促し，丁寧にフィードバックを行っていきます。その積み重ねにより結果としてエフィカシーも徐々に高まっていくでしょう。

　4つ目の「仕事とは与えられたものをこなすことだと考えている」場合は，個人の価値観・仕事観が非常に影響します。大きく変えていくことは難しいものですが，ホープに焦点を当ててみましょう。仕事というものは何らかの貢献が生まれているものだと思います。社会，顧客，会社，チーム，家族など広い領域に視点を向けながら西野さんの仕事が，どのように貢献につながっているのかしっかりと対話をすることが重要になるでしょう。どういうところで嬉しいと感じるか，どんな時に自分が満足を得られるかという視点も良いでしょう。何も貢献したくはないという人も中にはいるとは思いま

が，世の中に何らかの貢献をできることや，誰かから感謝されることを本心から嫌う人は少ないのではないでしょうか。このように貢献を軸にした対話をきっかけに，貢献のために新しい領域に一歩踏み出してみてはどうかと，ガイディングをすると良いでしょう。

 ## サイキャップマスターの視点⑤

◯ ケース⑤のストーリー：他責にして逃げてしまっている人

伊藤さん（仮名）は，管理職をしています。伊藤さんいわく，チームの業務量はとても多く，メンバーの人数も足りていないと感じているそうです。思ったような成果を出せない状態ですが，人員不足は会社の責任であり，自分にはどうしようもないと考えているようです。この場合，どのようにガイディングを行いますか。

Aさん：そもそも管理職の仕事は，様々なリソースを調整しながら成果を出すために試行錯誤することなのではないかと思います。そのことに気づいているか，気づいていないかという話もあるのですが，気づいてはいるけれど人的リソースが厳しい状態が続いていて辛いのかもしれません。まずはガイドとして受け止めることが必要でしょう。ただ，リソースはいつもありあまっているわけではないので，苦境に陥ることはあると思います。そこで伊藤さんご本人の意志との関連を考えると，視座が高まり大局的に物事をとらえた時に，今この仕事をしている意味や，どうありたいと考えているか，丁寧につながりを見出していくガイディングも行いたいですね。また，伊藤さんと部下の関係，伊藤さんと上司との関係も考慮すると良いでしょう。現状を受け止める視点，問題解決の視点と，意志を紐解く視点で対話をしたいです。

Bさん：私は製造業にいるのですが，リソースが足りないというのは，本当によくあることだと思いました。ギリギリの人数で計画を立てるのが常です。伊藤さんは目の前のことに囚われてしまい，とにかく目の前のことを

こなさなければならないという考え方にとどまっている気がします。だからこそ，Aさんがおっしゃっているように，大局的に俯瞰しながら個人の意志と，会社のミッションとのつながりを探していくことは大切だと思いました。また，管理職というとうまくいかない状態を解決するために，他部門に働きかけるのも仕事だと考えていますが，そういったことが苦手な人もいるのは確かです。苦手を補うためにできることを一緒に考えることも必要なのかなと思います。

Cさん：人手不足で余裕がないという状況の中で，オプティミズムに注目すると良いのではないだろうか。オプティミズムはとらえ方を一歩間違えると危ないなと思います。今，自分にできることに集中する，ではできることは何だろうかと考えた時に，管理職として他の誰か，または他部門に助けを求めるということもあるとは思いますが，人手不足の現状のなか自力でなんとかすることが自分の役目であり自分にできることだと考えている場合は結果がまったく違ってきますね。だから「自分にできること」の前提を最初に握っておく必要はありそうです。自分1人で考えていると，どうしても視点が偏ってしまうと思うので，第三者がかかわることも大切だと思いますね。

Dさん：伊藤さんは，現状に対する言い訳をしながら，とどまっている状態かもしれません。このまま放置していても状況は改善しないと思うので，将来に視点を向けていくためにどうしたら良いかを一緒に考えたいです。どういう状態が望ましいのか，どうなりたいのかを明らかにしていきながら，ではそのために何をしていくのか具体的なアクションに落とし込めるよう対話を進めたいと思います。その中で，自分にできることと，できないことを分けて考えることは，やはり大切ですね。また業務整理をするとなった場合，人員の数ではない問題もあります。○人足りないといわれて，人員を補充してもうまくいかない，というケースは私もよく見てきました。だから時間や労力ではないところに目を向ける支援もしたいです。本当に必要な業務かどうかは，分からないこともあるので，業務整理をするとい

う目標の下「業務を1つやめてみる」というのも具体的な行動ですし，やめてみてどうだったか丁寧にふりかえりを一緒に進めることで状況は少しずつ改善するかもしれません。少なくとも，必要な業務か不要な業務かははっきりすると思います。

Eさん：定量化してみるということが大切だと思っています。たとえば「忙しくてキャパシティをオーバーしている」といっても，どれくらいオーバーしているのかを何らかの数値で定量化してみると，業務を分解していくきっかけになるかもしれません。業務を分解して可視化してみるだけで，解決の糸口になることもあります。その業務は自分が動けば解決するのか，誰かに依頼する必要があるのかなども含めて検討ができますよね。このように現状を自己認識することで，どうしていくのか具体的な方法が明確になり目標設定を行いやすくなると思います。マインドとしては，忙しい時や余裕がない時は自分自身も，部下にとっても成長のチャンスだととらえることも大切です。マネジメントする中で，ひとりひとりが成長したり，何らかの工夫をしたりすることで，少しずつ余裕が生まれてくることもあります。

Fさん：伊藤さんも何らか頑張ってきたという事実はあるはずなので，しっかりと最初に大変さを受け止めてあげることは必要だと思います。その上で，大変な状況が具体的にどういう状況かを紐解いていくことで現状把握を一緒に進めていきます。どんな状態になると良いか，どうしたいと思っているか丁寧に対話をしながら目標を設定していきたいです。伊藤さんへのかかわり方は，社内関係者としてかかわるのか，第三者の外部としてかかわるのかでも変わってきそうです。第三者だと，前提条件や組織内の常識を取っ払って，場合によっては突拍子もない疑問などをぶつけることもできるかもしれません。たとえば「その業務は本当に必要なんですか？」というようなことも，悪気なくいいやすいのではないでしょうか。

Gさん：他責が伝播してしまっている可能性もありますよね。管理職が「足

りていない」と常々いっていると，メンバーも知らず知らずのうちに「足りていない」という前提で動くことになり，結果としてこれ以上業務を増やしたくないと訴えたり，自分達のせいではないと他責になり諦めを感じているかもしれません。部下とのコミュニケーション不足もあるかもしれません。阿吽（あうん）の呼吸を理想とし過ぎるからこそ，本当の状態を把握できていないケースもあるんじゃないかと。一方で，状況も自覚していて，論理的には改善策が分かっていても動けないということもあるかもしれません。承認を丁寧にすることを疎かにしないことも大切だと思います。

◯ ケース⑤：HEROにもとづく解説

　この事例の伊藤さんの場合，このまま放置しておくと「自分達は悪くない」「どうせやっても無駄だ」ということが部門内で常態化してしまいかねません。忙しくて余裕がない職場の話は，世の中にあふれていると思いますが，これは悪く出れば，コンプライアンス違反やルール違反，問題行動にもつながりかねない問題をはらんでいます。丁寧にガイディングをしていく必要があるでしょう。ただ一方で，この状況をチャンスととらえて，成長や改善を行うことができれば，生産性向上や業績向上につながることも考えられます。

　伊藤さんの現状を考慮すると，これまで誰にも相談できずに，追い込まれてしまっている可能性もあります。悲観主義のネガティブ・ループに陥っているかもしれません。孤立しないようソーシャル・サポートを行うことが重要です。職場内なのか，第三者としてなのか，対話を行うことができ，話を聞いてもらえるだけではなく，時にポジティブ・フィードバックをもらえるような存在は伊藤さんにとって助けになるでしょう。

　ではどのようにガイディングを行っていくと良いでしょうか。他責にして逃げてしまっている時は，悲劇の主人公のように思っている可能性があります。自分にできることは限られているし，どうせ無理だし，やっても無駄であるという無力感に苛まれている可能性があるでしょう。物事を悲観的に見る思考パターンから抜け出せなくなっているかもしれません。やらなければ

ならないことはやっているけれど，問題解決を先送りし現実逃避をしている状態と考えます。とくに今回のように管理職の方がこの状況に陥っている場合は，早い段階でガイディングによる介入を進めることが大事です。

　オプティミズムに着目すれば，過去〜現在に対して寛大に，現実的にとらえられるように自分がコントロールできることと，コントロールできないことを分けて考えられるよう整理するガイディングを行います。もし，伊藤さんがひどく心身が疲れてしまっている場合や，悲観的な自責の念が強すぎる場合には「うまくいったこと・うまくいっていることは自分のおかげ」であり「うまくいかなかったこと・うまくいっていないことは周囲や環境のせい」ととらえられるくらいにして立て直すことが先決かもしれません。一方で，ここで終えてしまっては単なる他責になってしまいかねないので，改めて資産の棚卸を行いながら，自分がコントロールするための手段や方法がまだまだありそうだととらえ直せるようなガイディングが重要です。オプティミズムは，単に楽観的というものではなく，現実を柔軟に肯定的にとらえる思考です。非現実的な楽観や，単なる他責にミスリードしないように注意が必要です。職務に対する自分事化（オーナーシップ）は，オプティミズムが強化された結果として生まれてくるものなので，以上のように丁寧にガイディングを進めていきましょう。

　次のステップでは，現状のリスク状態をチャンスととらえることができるかという視点を意識してみてください。将来への機会探索を行う思考でありオプティミズムの強化につながるだけではなく，レジリエンスの強化にもつながります。チャンスととらえられれば，より良い状態を目指すために目標を設定し，方法を考えていくことでホープも高まるでしょう。そして行動を起こし実行していく中で，丁寧にふりかえりを行うことで達成体験を積むことができればエフィカシーも強化されていきます。伊藤さんは大変な現状ではありますが，チャンスとして現状をとらえることができれば，このように成長の機会になることは間違いありません。

　伊藤さんの課題をこのまま放置しておく場合は，先にもあげたようなコンプライアンス問題や，組織の疲弊，メンバーの離脱を招きかねず，重大な問題となるリスクが増大していきます。一方で，現状を乗り越えるためにとる

リスクは，物事を好転させるための行動です。同じリスクをとるのであれば，後者を選択したほうが圧倒的に良いことは明らかです。現状を乗り越えるために活用できる資産，リソースはないか棚卸を行い，どのように活用していくのか丁寧にガイディングを行っていきましょう。

 ## ガイディングとその継続性

　ここまで，職場において起こり得るビジネスパーソンの課題を事例にあげながら，サイキャップマスターの視点をご紹介してきました。今回取り上げたケースはほんの一例ですが，百人いれば百通りの課題があるものだと思います。ひとりひとりの価値観は多様であり，ひとりひとりがどうありたいか，何をしたいかという意志も様々です。

　また置かれている立場や状況も異なるでしょう。周囲の人間関係も異なります。そのように考えると，ひとりひとりと向き合い丁寧に対話を進めるというコミュニケーションは欠かせないものになるのではないでしょうか。分かってはいるものの，どのように対話を進めていくか，どのように行動を後押ししていくかは，どうしても属人的になってしまいがちです。

　そこで役立つのが，心理的資本への介入法であるガイディングです。今回ご紹介したのは，ガイディングを行っているサイキャップマスターの視点の一部ですが，参考にできる部分があったのではないでしょうか。

　心理的資本の各要素「HERO」にどのように介入するのかという視点を用いることは，相手の成果や成長を促したり，問題解決や目標達成を促す時の指針として大いに役立ちます。

　たとえば，自信がなく行動を起こせていない時であれば，エフィカシーに着目して達成体験を積めるように小さな目標や行動目標を立てられないだろうかと考えることができます。そもそも心身の健康は保てているかどうかという視点も持てるでしょう。代理体験が生まれるような周囲の関係づくりや，何らかの場づくり，ロールモデルの検討などもアイデアとして浮かぶことでしょう。そして何より，相手を認め期待するポジティブ・フィードバックを意識することもできるでしょう。

　目標が漠然としていて行動を起こせない時であれば，ホープに着目して意志を明確にすることを目指しましょう。まだ明確にできない段階であれば，漠然とでも向かいたい方向を定めて，まずは何らかの目標設定をできるよう促します。身近な目標を達成するために，どのように行動を起こすか，様々な手段や方法を一緒に考え，自己選択・決定できるように働きかけることです。行動を起こし，続けるための目標の立て方について助言をすることもできるでしょう。

　悲観的になり身動きがとれなくなっている時であれば，オプティミズムに着目して，これまでの経験をふりかえり，客観的かつ現実的に現状をとらえられるように，コントロールできたこととそうではないことを分けて考える手助けを行います。人は悪いところや，改善点ばかり注目しがちですが，感謝できることや，良いところに注目できるような思考習慣を身につけられるように促すことです。将来に目を向けて，これから何が起こっても，現状が辛くても，それはあなたが進んでいる道（物語）の途中だと伝えることもできるでしょう。

　どうしても一歩踏み出せない時には，レジリエンスに着目し，行動しないことによるリスクを現実的にとらえられるように支援します。リスクをとって挑戦することが，何らかの成長や成果につながるのか，それともデメリットのほうが大きいのかを踏まえて，リスクテイクするかどうか共に考えることもできます。リスクテイクすると決まれば，持っているあらゆる知識，スキル，経験やネットワークを棚卸し，リスクを乗り越えるために活用できる強みと認識し自信を持てるようにポジティブ・フィードバックを送るのです。そして，現状を乗り越えるための行動を後押ししていきます。

　このように人が前向きに行動を起こすための原動力である心理的資本を高める方法は，知識としてだけではなく，使えるテクニックとして身につけることができるものです。人が抱える課題（ポジティブな課題，ネガティブな課題にかかわらず）は，心理的資本をどのように向上させるかという視点に立てば必ずといっていいほど打開策が見つかります。もちろん容易には変えることができない個人の特性が影響することもあるため，万能ではありません。しかし，なんとかしたいと考える人にとって助けになることは間違いあ

りません。HEROのどの要素に課題があるだろうかと仮説を立てながら，問題解決の方法としていくつかの筋道を立てることができるだけでも，大きな救いになります。

　様々な事例を通して，対話することの重要性，その中でのポジティブ・フィードバックの有用性や，思考の整理方法などが数多く触れられていました。これらはとても重要なガイディング方法です。ただ，忘れてはならないことは，何らかの行動を起こせなければ結果が伴うことはありません。ふりかえりを行い，次の目標や行動につなげていくためにも，小さくとも必ず行動を起こすことを促すようなガイディングを行いましょう。また，できる限り一時的な介入ではなく，ふりかえりとフィードバックを行えるよう継続的なかかわりを持つことが望まれます。

第12章
むすび

 本書のふりかえり

　2000年代以降，アメリカ心理学会を中心としてポジティブ心理学の流れが急速に強まってきました。こうした学問上の大きなうねりの中で，心理的資本という新たな考え方・概念が登場してきました。

　本書では，この心理的資本の考え方をできるだけわかりやすく，また心理的資本を高めたいと考える実務家に使いやすいように心がけて記述したつもりです。

　第1章では，本書の目的を中心に，なぜ今，心理的資本を学ぶ必要があるのかについて詳しく説明しました。そして，心理的資本が生まれた学問的背景や特徴に言及し，ポジティブ心理学の中で心理的資本が誕生したことを述べました。

　心理的資本について知り，その開発方法やスキルを学び，活用できるようになることが本書の目指すゴールです。また，自分自身の心理的資本をマネジメントし開発していくことはもちろんのこと，他者の心理的資本を高めるサポートを行うことも本書では想定していることを述べました。

　第2章では，心理的資本が，経営学や実務の中でこれまで注目されてきた人的資本や社会関係資本とどのような点で異なるかをまず指摘しました。その中で，心理的資本を「ポジティブな心理的エネルギーで，積極的な行動や自律的な目標達成を促すエンジンの役割を果たす資本」と定義しました。

　また，心理的資本がエフィカシー，ホープ，オプティミズム，レジリエンスの4つのコア要素で構成されていることを説明し，それらの統合概念として心理的資本が存在することも解説しました。エフィカシーなどの4つの要素については第2章で詳細に説明しました。心理的資本を理解するためには，4要素をまず理解する必要があるからです。

　一般になじみのない考え方・概念である心理的資本だからこそ，その定義

を正確に理解して，活用することが必要不可欠です。感情やモチベーション，パーソナリティとの違いをきちんと理解することも，心理的資本の活用には欠かせません。

　感情ほど不安定でなく，かといってパーソナリティのように固定的でもないのが心理的資本です。訓練や開発によって一定の向上が期待される一方，いったん開発された心理的資本は比較的長期にわたって一定のレベルを維持できる安定性を持った概念なのです。

　さらに，心理的資本が様々な成果とポジティブな関係にあることも述べました。環境要因や生まれ持った個人の特性の影響を除外しても，心理的資本には成果を高める独自の効果があることを指摘し，心理的資本を開発する意義があるのだと主張しました。

　第3章から第6章までの各章では，エフィカシーなどの4要素にそれぞれ焦点を当て，それらの開発手法を詳しく見ていきました。

　第3章のエフィカシーの章では，まずエフィカシーの高い人の特徴をイメージしてもらいました。エフィカシーの高い人をイメージすることで，エフィカシーの高さを理解し，その開発を考えてほしいからです。

　エフィカシーの開発原理として，達成体験，代理体験（モデリング），社会的説得，情動的喚起があることを説明しました。達成体験がもっとも強力にエフィカシーを高めること，代理体験や社会的説得を活用したエフィカシーの介入手法についても具体的に解説しています。

　新たな行動を身につける行動変容を促すためにエフィカシーを活用する手法についてはとくに紙面を割いて説明しました。

　第4章のホープの章では，単に将来によいことを期待するような受け身の心構えではないホープの特徴を解説しました。心理的資本のホープは，目標への熱意（意志の力）と目標への到達方法をいくつも思いつく，いくつも準備できること（経路の力）という2つの要素から特徴付けられることをとくに強調しました。

　希望と日本語訳してしまうと誤解を生むため，「意志と経路の力」とホープを名付けることで心理的資本のホープが正確に理解される工夫も行っています。意志の力と経路の力のそれぞれが重要であることに加え，相互に作用

することでホープが高まることも指摘しました。

　ホープの開発にあたっては，リーダーや職場という環境要因にも注目する必要があります。ホープの高さ（低さ）は伝染するからです。ホープの高いリーダーの率いるチームのホープは高くなります。職場のホープが高いことは，その職場にいるだけでホープを刺激します。

　ひとりひとりのホープを高めるためには，目標を明確化し，マイルストーンを設定し，ステップを踏んで目標達成を目指すなどの手法があることも紹介しました。メンタル・トレーニングを行うことで，経路の力を高める手法にも言及しました。

　第5章のオプティミズムの章では，心理的資本におけるオプティミズムを「現実的で柔軟な楽観力」と定義しました。エフィカシーなどの心理的資本の他の要素と同じように，性格や気質でもなく，トレーニングすることで身につけることができる思考パターンや思考スキルだと考えることを強調しました。

　「楽観」という日本語の響きから，「なんとかなる」「なんか良いことが起こるだろう」と根拠もないのに，将来を肯定的に見てしまうような過度な楽観主義とは区別して考えることが大切です。

　厳密にいえば，オプティミズムとは，好ましい出来事を内的・普遍的・広汎的な原因ゆえだと解釈し，ネガティブな出来事については，外的・一時的・状況特有の要因のせいだと解釈する説明スタイルを意味していることを再度思い出してください。

　オプティミズムを開発するためのキーワードとして，「過去への寛大」，「現在への感謝」，そして「将来への機会探索」を指摘しました。うまくいかなかった出来事に関して，自分でコントロールできる要因とそうでない要因を分類し，後者については寛大さをもって認識すること，できている側面にも目を向け，感謝することで，将来へ前向きな気持ちが生まれるのです。そこから成長のチャンスが見つかり，新たなエネルギーが生まれます。これがオプティミズムの開発なのです。

　第6章のレジリエンスの章では，打ちのめされた状態からの回復だけではなく，そこからの超回復まで視野に入れた点を心理的資本のレジリエンスの

特徴として強調しました。また，必ずしもネガティブな出来事だけでなく，抜擢人事といったポジティブな出来事に伴って，レジリエンスが求められる場面もあることを指摘しました。

　元来，レジリエンスの焦点は障害や失敗などのネガティブな出来事によって打ちのめされた個人が立ち直ってくるという側面をとらえてきました。まさに自然災害から復興する人たちの持つ心理的強さを表しています。一方で，心理的資本のレジリエンスは立ち直るという原状への復帰を超えて，さらなる成長をイメージしている概念なのです。たとえトラウマになるような深刻な経験をしたとしても，レジリエンスの高い個人は，そこから立ち直るだけでなく，トラウマをきっかけにさらなる能力開発を遂げていくと考えられています。

　レジリエンスはネガティブな出来事だけでなく，ポジティブな出来事によるストレスも包含する概念です。たとえば，組織内で責任あるポジションに昇進・昇格したり，プロジェクトの重要な役割に抜擢されたりした時のような一般的にはポジティブだと考えられる状況も一種のリスクだととらえます。

　レジリエンスを開発する３つの戦略についても詳しく解説しました。資産焦点戦略は，あなた自身の持つ資産にはどのようなものがあるのかを認識し，足りない資産があればそれを開発することを意味します。具体的には教育や研修による知識・スキルの獲得やサポートしてくれる良質な人間関係を築くことなどです。

　リスク焦点戦略は，あなた自身の挑戦や目標達成に向けた行動に潜むリスク要因を適切に把握することを意味します。何が失敗の引き金になりそうな危険性をはらむのかを認識することを意味します。

　あなた自身の持つ強み（資産）を適切に把握し，障害などの原因がどのようなリスクとなっているのか，乗り越えるためには何が不足しているのかを特定することがプロセス焦点戦略です。以上の３つの戦略を組み合わせることで，資産やリスクを具体的に特定でき，どの資産を用いるのか，どのリスクに対処すべきなのかを選択できるようになることがレジリエンスの開発なのです。

　第７章では，心理的資本がもたらす望ましい成果について概観しました。

心理的資本が組織にとっても，個人にとっても望ましい成果をもたらすことをこれまでの実証研究を参照しながら説明しています。

　たとえば，スター従業員と呼ばれる職場のエースとして認知されるためには，知識やスキルに加えて，心理的資本が高いことが重要であることが明らかになっています。看護や介護といった離職率の高い専門職を対象に，心理的資本の高さが離職意思を抑制するだけでなく，看護・介護の工夫を促し，結果的に患者・利用者の満足につながることも分かってきました。

　個人の職務満足をはじめ，ワーク・エンゲージメントや組織コミットメントといった心理変数にもポジティブな影響を与えます。心理的に望ましい効果を持つことは，心理的資本がウェルビーイングに結び付くことを意味しています。物質的な豊かさを超えて，持続的な経済社会を考えると，今後働くひとりひとりのウェルビーイングに注目する必要が高まるでしょう。

　組織で働く従業員のウェルビーイングに配慮し，高めようとする人事戦略を標榜することは，すなわち広義の健康経営を進めることになります。企業の競争力を左右するもっとも重要な資源である人的資源の潜在性を引き出し，発揮してもらうためにも従業員のウェルビーイングを高める健康経営の必要性はますます高まっているのです。

　健康経営といえば，肉体的な健康をイメージしがちですが，心理的な健康にも目配りすることが重要です。近年は，従業員支援プログラムやメンタルヘルス・チェックが義務化され，ストレスマネジメントに注目する機会が増えました。本書が提唱する健康経営は，ストレスを抑制することにとどまらず，さらにひとりひとりの可能性や潜在能力を引き出すことまで視野に入れています。

　心理的資本を高める人事施策をとることで，ひとりひとりの可能性や潜在能力を引き出すことは，ひとりひとりの自己実現を通じた主観的幸福を高めます。すなわち，健康経営のゴールに心理的資本を取り入れることは，身体的健康，精神的健康，そしてウェルビーイングの実現につながるのです。

　第8章では，心理的資本のレベルを決める要因を概観しました。心理的資本に関するこれまでの研究をふりかえると，心理的資本の結果となる右側の議論は活発な一方で，その原因となる左側に議論は少なかったといえます。

　数少ない実証研究の中で，パーソナリティ，リーダーシップ，仕事の内容，個人属性といった大きく4つの要因が心理的資本を決めているのではないかと指摘されています。

　もっとも心理的資本の高さに影響を及ぼす要因はパーソナリティです。とくに自尊感情や積極的なパーソナリティが心理的資本に大きく影響を与えることが明らかになっています。また，この傾向はアメリカだけでなく，アジアでも同様にみられました。

　リーダーシップによる影響も，パーソナリティに次いで大きなことが明らかになりました。オーセンティック・リーダーシップや倫理的リーダーシップが心理的資本を高めることがデータで示されています。心理的資本は伝染性を持っていますが，オーセンティック・リーダーシップを発揮するリーダーの下では，こうしたポジティブな伝染がより活発になると予想されます。

　職務特性も心理的資本に影響を与えます。職務，ジョブをどのようにデザインし，従業員に提示するかは，心理的資本のエフィカシーやレジリエンスの開発機会を通じて，心理的資本を規定するのです。ハックマン＝オールダムによる職務特性理論では，面白い仕事がモチベーションを高めることはよく知られていますが，ジョブ・デザインは心理的資本も高める可能性を持っています。

　個人属性に関する要因として，わずかながら年齢が心理的資本に影響を与えることが示されました。年齢の高い人は相対的に心理的資本が高い傾向が見られましたが，これは人生経験の豊かさが心理的資本につながっているのではないかと推察されます。少子高齢化社会のデメリットが強調されやすいものの，心理的資本に関していえば，高齢化社会はデメリットばかりではありません。豊富な人生経験を土台とした心理的資本の高さは社会全体の活性化に大きな希望をもたらすものです。

　第9章以降では，第8章までの理論編の応用について述べてきました。心理的資本という概念を適切に理解することが第8章までの第Ⅰ部の役割とするならば，第9章以降の第Ⅱ部は心理的資本の実践の役割を果たすパートです。

　第9章では心理的資本を高める実践手法をガイディング（心理的資本介

入）と呼び，その意義について触れています。第10章と第11章では心理的資本介入を実践しているガイドの座談会形式をとりつつ，ガイディング実践のヒントが豊富に描かれています。

　とくに第10章では心理的資本の低下した具体的なケースを設定し，ガイド役としてどのようにかかわるべきかをガイドがそれぞれの視点で指摘しています。第Ⅱ部での実践編を通じて，理論をうまく応用して周りの心理的資本を高めるヒントが得られたと考えます。いい理論ほど実践的なものはないといわれますが，心理的資本を役に立つ，有益な人材開発理論として実践で活用してほしいと願っています。

 ## 心理的資本とともに

　ここまで読み進めた読者ひとりひとりが心理的資本という概念の意味やそれを構成する4つの要素について「一定の理解をし，周りの人に説明できます」という自信＝エフィカシーを獲得してくれたとしたらわれわれとしてはとても幸せです。

　心理的資本の重要性やその有用性に目覚め，心理的資本をこれから活用していこうという熱意や意欲を強く感じ，心理的資本の活用の実践方法をいくつも思い描くことができるようなホープが生まれていれば幸いです。

　あなた自身のこれまでの経験や出来事をふりかえり，うまくいかなかった出来事を内省し，自分ではどうしようもない環境を何とかできた要因を見つけることができるようになったとしたら，それはオプティミズムの第一歩です。

　うまくいかなかったとしてもその経験から，スキルや能力を磨き，今後のチャレンジに生かせる資産を高められるようになれば，レジリエンスの開発が始まっています。

　65歳への定年延長，そして70歳までの雇用維持と人生100年時代の現役期間はますます長くなってきています。定年を迎えることは必ずしも現役からの引退を意味しません。第2の人生を趣味やボランティアに生きることも豊かなライフだといえますが，豊富な人生経験に裏打ちされた心理的資本を土

台として，新たな職業人生を歩むというチャレンジも選択できます。

　学び直し，リスキリングという言葉がもてはやされていますが，そうした自己変革のきっかけやスタートとなるのは心理的資本です。新たな学びに挑戦しようという意欲は，やれそうだというエフィカシーなくしては生まれないのです。

　学び直しとは，これまで積み上げてきたスキルや技能を部分的に否定することでもあります。こんな時には心理的資本のレジリエンスによる後押しが有効です。学び直しによる第2の人生の目標にどれだけ熱意を持てるか，そのための手法をどれだけ描けるか，心理的資本のホープが活用できそうです。

　心理的資本は，ひとりひとりの行動変容による成長を通じて，低成長に苦しむ我が国全体を活性化させる起爆剤となるのです。ひとりひとりの成長が積み重なることで，経済全体が成長していくことこそ，分配と成長をうたう「新しい資本主義」のあるべき姿ではないかとわれわれは考えています。

　また，心理的資本はあなた自身の中に存在するHEROです。ひとりひとりのHEROは違えど，すべての人がその開発可能性を持ち，その発揮によってウェルビーイングを高めていくことができます。

　読者のすべての人が本書を閉じるとき，自身のHEROが現れ，そして明日からの様々な場面でHEROが活躍することを願って，本書を締めくくりたいと思います。

参考文献リスト

Avey, J.B., Reichard, R. J., Luthans, F. & Mhatre, K.H. (2011). Meta-analysis of the impact of positive psychological capital on employee attitudes, behaviors, and performance, *Human Resource Development Quarterly* 22 (2), 127-152

Avey, J.B. (2014). The Left Side of Psychological Capital: New Evidence on the Antecedents of PsyCap, *Journal of Leadership & Organizational Studies* 21 (2) 141–149.

Becker, G. (1975) *Human Capital. 2nd Ed.* University of Chicago Press.

Eden, D., & Shani, A. B. (1982). Pygmalion goes to boot camp: Expectancy, leadership, and trainee performance. *Journal of Applied Psychology*, 67 (2), 194-199.

フレッド・ルーサンス，キャロライン・ユセフ=モーガン，ブルース・アボリオ（著），開本浩矢，加納郁也，井川浩輔，高階利徳，厨子直之（翻訳）(2020).『こころの資本—心理的資本とその展開—』. 中央経済社.

Hackman, J. R., & Oldham, G. R. (1975). Development of the Job Diagnostic Survey. *Journal of Applied psychology*, 60 (2), 159-170.

服部泰宏 (2021). 日本企業における「スター社員」の実態に迫る，一橋ビジネスレビュー, 68 (4), 96-113.

鈴木良始 (2017). アメリカ企業における業績評価制度の変革運動（ノーレイティング）とその背景，同志社商学, 69 (3), 325-342.

高階利徳・開本浩矢 (2022). 対人援助業務人員の感情労働と心理的資本が組織定着と職務成果に及ぼす影響，商工金融, 72 (10), 11-24.

厨子直之 (2019). アプリシエイティブ・インクワイアリーによる大学生アルバイトの心理的資本に与える効果に関する量的比較分析. 商学論究, 66 (3), 157-188.

190

索　引

■著者紹介

開本　浩矢（ひらきもと　ひろや）

大阪大学大学院経済学研究科教授。

大阪大学経済学部卒業。神戸大学大学院経営学研究科修了。博士（経営学）。

主な研究テーマは，研究開発の組織行動およびクリエイティビティ・マネジメント。

著書に『研究開発の組織行動』（中央経済社），『クリエイティビティ・マネジメント』（白桃書房）など，翻訳著書に『こころの資本』（中央経済社）がある。

橋本　豊輝（はしもと　とよき）

株式会社Be&Do取締役。日本心理的資本協会 事務局担当理事。PsyCap Master® Executive Guide。

同志社大学文学部社会学科社会学専攻卒業。エン・ジャパン株式会社での勤務を経て，株式会社Be&Doの設立に参加。現在，組織や人材の活性化プログラムの開発，マネジメント支援ツールの設計に携わる。